Stories about human Nature

原來如此

那些你該知道的

人性故事

現實就是這麼無情，一旦成為過去，

就成了不可更改的歷史。

人生視野：52

原來如此：那些你該知道的人性故事

編著　賴志綱
出版者　大拓文化事業有限公司
執行編輯　林美玲
美術編輯　林子淩

總經銷　永續圖書有限公司
劃撥帳號　18669219
地址　22103　新北市汐止區大同路三段一九四號九樓之一
TEL　（〇二）八六四七－三六六三
FAX　（〇二）八六四七－三六六〇
E-mail　yungjiuh@ms45.hinet.net
網址　www.foreverbooks.com.tw

CVS代理　美璟文化有限公司
TEL　（〇二）二七二三－九九六八
FAX　（〇二）二七二三－九六六八

法律顧問　方圓法律事務所　涂成樞律師

出版日◇二〇一五年七月

國家圖書館出版品預行編目資料

原來如此：那些你該知道的人性故事 / 賴志綱編著.
-- 初版. -- 新北市 : 大拓文化, 民104.07
面 ;　公分. -- (人生視野 ; 52)
ISBN 978-986-411-008-7(平裝)
1. 人生哲學 2. 通俗作品
191.9　　104009511

序言

一匹毛驢幸運地得到了兩堆草料，然而幸運卻毀了這可憐的傢伙。牠站在兩堆草料中間，猶豫著不知先吃哪一堆才好。

就這樣，守著就在嘴邊的食物，這匹毛驢活活餓死了。

世間最可憐的，是那些遇事舉棋不定，猶豫不決，經常彷徨歧路，莫知所措的人；自信不堅的人，很難得到別人的信任。

站在河邊呆立不動的人，永遠不可能渡過河。

在決定某一件事情以前，你應該對各方面情況多加了解，應運用全部的常識與理智鄭重考慮，一經決定以後，就不要輕易反悔。

要成就事業，必須學會成竹在胸。正確的決斷，並且堅定、穩固得像山岳一樣。情感或一時意氣的波浪不能震盪它，別人的反對意見以及種種外界的侵襲，也不能打動它。

如果我們不懂慢得享受我們已有的，那麼，我們很難獲得「更多」我們想要的——即使我們得到「更多」，也不會得到樂趣。

如你必須作出選擇而沒有這樣做，這本身就是一種選擇。

——詹姆斯

三思而行，才是上策

CHAPTER・2 擺脫心靈上的負擔

CHAPTER · 3

簡潔的生活

CHAPTER·4

一念之間

CHAPTER·5 人生態度

三思而行，才是上策

在生歷程中，你是否也曾發生過類似的情形，自視過高，不願聽信好的意見，是一般人常犯的錯誤。

在面對難題時，若能單純聽眾有經驗者的指示，按部就班依照順序去處理，難題可能將奇蹟似的變得極易解決。真正難的部分，在於我們時常高估自己的聰明，而忽略了旁人的智慧。

Humanity

蓄意的欺騙

一艘輪船出海，離開了希臘海岸。有個水手爲了在途中解悶，帶了一隻猴子上船。途中天氣驟變，出現暴風雨，結果船在大海中沈沒，船上的人和猴子都在海水中游泳逃生。

樂於助人的海豚發現了波濤中的猴子，便把牠馱在背上向海岸游去。快到雅典時，海豚問猴子是不是雅典人，猴子說自己是城市中某一家族的後代，海豚接著問牠知不知道派雷亞斯（雅典著名海港），猴子以爲那是一個人，便說認識，那是他最要好的朋友。海豚聽出猴子正在說謊，一怒之下將牠扔到海中淹死了。

人生悟語

人家真誠地幫助你，你也應真誠相對才算對得起人家，即使有苦衷，也還是坦白為好，這樣即使他不願幫你，也會因你的真誠而感動進而幫忙到底。倘若利用人家的誠實來求得幫助，那就太不道德了。

欺騙幫助你的人，這是最令人難以容忍的行為。因為他會感到自己被愚弄和上當，所付出的努力遭到了嘲笑。

Humanity

灌迷湯

貓頭鷹本是晝伏夜出的動物，可是白天牠被一隻蛐蛐吵得睡不著覺，就請蛐蛐別再唱了。

可是蛐蛐根本不理會貓頭鷹的請求，反而唱得更起勁。

貓頭鷹想了一個辦法，對牠說：「你的歌聲太美了，簡直就像仙女的七弦琴一樣悅耳，讓我都捨不得睡。爲了感謝你，我想把貝拉司女神送我的美酒拿出來與你共享，咱們一起暢飲吧！」

蛐蛐正唱得口乾舌燥，聽了這話，馬上高高興興地去喝酒，貓頭鷹早已在外守候，一見牠出來，立刻撲上去，將牠弄死了。

人生悟語

自己的行為傷害了別人，還想聽到別人的讚美，這世上哪有這麼便宜的事？人家難道不忌恨你嗎？

這種情況下的讚美往往隱藏著陰謀，掌聲裏常常帶著殺機，有的人樣樣都好，就是聽不得人家的好話，一受誇獎，就高興得暈了頭，然後上當。

其實應冷靜地評價一下自己之後，再對照他人的評價，就會找到答案了。

Humanity

忘了我是誰

有一尊著名的神像要送到寺廟裏供奉，祂由一頭驢子馱著穿過城裏的街道。街道兩旁的人們都向神像俯首行禮。驢子以爲大家是在尊敬自己，索性驕傲地昂起頭，不再朝前走。

驢夫見牠不走，拿起了鞭子狠狠地抽打牠，罵道：「你這蠢驢，你以爲是你的榮耀嗎？還沒有人蠢得會向驢子敬禮！」

人生悟語

看來不光是驢子，就連萬物之靈的人類也免不了會有這種錯覺。於是有些人當了大官，別人見了他不免以禮相待，不敢怠慢；其實大家往往不是敬重他本人，而是敬畏他所處的地位，如果他離開那個職位，恐怕情況就不一樣了。

所以人要有自知之明，清楚自己的本質，切莫為那些鮮花和掌聲所陶醉，忘了自己是誰，要知道那些東西並不是給你的。

俗話說：「一人得道，雞犬升天。」偶然的境遇雖然能夠使人驟然提昇，但絕不能忘記，自己始終只是個配角而已，不要以為自己已經是主角了。

Humanity

撒網的奧妙

幾個漁夫在海邊撒網捕魚，有一隻猴子站在高高的樹上，好奇地觀察著漁夫們的舉動。

後來漁夫們回家吃飯，將漁網留在岸邊。

猴子就從樹上跳下來，走過去拿起漁網，模仿漁夫的動作，掄起漁網往外拋，結果把自己罩在裏面掉進了水中。

猴子一面掙扎，一個哀歎著：「我從來沒拿過漁網，怎麼可能會用它捕魚呢？真是自作自受啊！」

人生悟語

許多事情並非像看起來那樣簡單，漁夫撒網就是如此。

看似容易，實則隱藏著許多方法與經驗，所以即使是聰明的猴子也不能一看就會，這就顯現出實際操作的重要性來了。

切不可不懂裝懂，盲目行動，像猴子那樣，捕魚不成，反而害了自己。

學習新事物，觀察固然必不可少，然而更重要的是親自動手去做，從中吸取經驗和教訓，這樣才能真正的瞭解實際的狀況。

Humanity

得意

一隻蚊子叮了一個禿頭人的頭，禿頭人想打死牠，反而把自己給打傷了。

蚊子就嘲笑他說：「你爲了要打死我，反而使自己受到傷害，你是多麼愚蠢呀！」

禿頭人回答說：「我的頭會原諒我的手，因爲這並不是故意的，但是你這隻可惡的蚊子，以吸血爲生，爲了消滅你，即使犧牲再大，我也心甘情願。」

人生悟語

卑鄙小人莫要得意，如果認為自己所做的壞事不大，就不會招來懲罰，那就大錯特錯了。因為總會有人為了正義與公理不惜犧牲自己，付出代價。

天網恢恢，疏而不漏，為惡者心存僥倖，企圖逃避罪責是徒勞的。

Humanity

善意的拒絕

公牛正準備走過一條狹窄的路，回到自己的欄裏去。一隻小牛走過來，自願走在前面帶路，以便讓牠通過這條路，公牛善意地拒絕了牠，說：「那個辦法在你出生以前我就試過了。」

人生悟語

閱歷的深淺一般都決定著所得的深淺。年輕人是「初生牛犢不怕虎」常常會自以為是，做出班門弄斧的蠢事來，但不可否認的這些年輕人的勇氣和熱情都是值得讚揚的。他們擁有智慧，所以年長的人也不應該輕視他人的建議，說不定「長江後浪推前浪」，他們會讓你大吃一驚呢！

Humanity

被搶・送禮

一個獵人抓到了一隻兔子，就把牠放在肩上帶回家裏。

路上，他碰到了一個騎馬的人，這個人假裝要買兔子，他趁獵人不注意時，就一把搶過兔子，騎上馬跑了。

獵人拼命地追趕，但馬越跑越遠了。

於是他停了下來，對著騎馬的人的背影說：「何必要搶呢？我本來就打算把兔子送給你了。」

人生悟語

獵人知道阿Q的精神勝利法，這種自我解嘲的辦法一定會使他的心裏好受一些。

失去的已經失去，即使你痛心疾首，念念不忘，也不會失而復得，所以何不找一個理由，讓自己心理平衡一點呢？

Humanity

真真假假

有兩個商人一同去城裏，打算做生意，中途迎面碰上一個人，慌慌張張地跑過來。他說大街上有頭獅子正招搖過市，如果現在進城，會很危險，最好不要去。兩個商人不相信，認爲這只不過是謠言，城裏怎麼可能會有獅子，所以他們不足爲懼的往城裡走。

不久，他倆又遇上幾個從城裏逃出來的人，都說有獅子。商人這回相信了，於是返回，不去城裏了。

人生悟語

輿論的力量是很可怕的，眾口鑠金也不為過。且不說城中是否真有獅子，單單是大家的說法就足以產生與獅子一樣巨大的威力。

一個人說謊可以不信，但是許多人一起說同樣的內容，就由不得你不相信了。真話和謊話就這樣彼此消長地交織在一起，對於每個誠實的人來說，要從中分辨真偽保持頭腦的清醒是不太容易的。

Humanity

誰是神明的代言人

一群鸛鳥在神廟頂上築巢，飛來飛去，進進出出地叫個不停，吵得看廟人心煩。他被驚動了，就大聲嚷嚷：「你們這些討厭的鸛鳥，好大的膽子，竟敢在神廟上築巢，就不怕神明怪罪嗎？」

鸛鳥們很從容地回答：「恐怕是你在怪罪我們吧？因爲神明一向是保護我們的，所以在這裏築巢，應該是最安全的才對。」

人生悟語

看廟人自以為剃了光頭守在廟裏，就比眾生更神聖，並為神代言，這也未免過於自大。有些人常常自認為有了權威的地位就能以權威自居，沒有得到真理卻以為自己是真理的化身，妄自尊大，這是很可笑的。因為知識、道德等精神的東西，是不會以財力的多寡來區分的，所以別以為你職位高，就比別人高尚。

Humanity

上當

一隻狐狸不心掉進一口非常深的井裏，無法脫身。

這時一隻口渴的山羊，來井邊飲水，牠看見狐狸在下面，就問井水味道如何。狐狸盡力掩蓋自己的狼狽相，不斷地稱讚井水味道好得不能再好。

山羊一心想著喝水，聽完後馬上跳了下去，等牠喝完了水，不再口渴了，才發現自己和狐狸的困境。

這時狐狸想出了一個所謂共同出井的辦法，牠說：「你把前腳抵在井壁上，低下頭我先踩著你的後背上去，然後想辦法接你上來。」

山羊就照牠吩咐的做了。於是狐狸跳上山羊背，蹬著羊角，飛身跳出了井口，然後就溜走了。

山羊氣得大罵狐狸不守信用，狐狸轉頭回敬道：「你這頭笨羊！如果你頭腦靈活，就應該在看清出路之後，再決定跳不跳，那樣就不會有這樣的危險了，真是白長了一把鬍子！」

人生悟語

三思而後行，才是上策。看到利益就往裡跳，是撿不到便宜的。行動之前，先想好退路，這樣才能讓自己立於不敗之地，切不可草草行事，否則就會犯丟了西瓜撿芝麻的大錯，那就得不償失了。

Humanity

偽善

山羊站在陡峭的山崖頂上吃草。一隻狼發現了牠，卻怎麼也爬不上去，於是裝出關心的樣子，告訴山羊上面很危險，摔下去可是會粉身碎骨的，還是下來的好，而且下面還有很多嫩草呢！

山羊對狼說：「我是不會相信你的，你這麼說，無非是在替自己找東西吃。」

人生悟語

危險的山崖，恰巧是山羊的安全保障，相反地，有狼的平坦草原卻是山羊最危險的地方。

「要消滅他，先引誘他」，這是人與人之間爭鬥時最常用的辦法，許多人由於不滿現狀而上當。所以對於別人無端的關心，不要盲目感激，不妨冷靜地分析一下對方的動機是什麼。

Humanity

不懂得區別

在一個寒冷的冬天，一個人和一個半羊的神相遇，便坐下一起聊天。

談話時人總是把手放在嘴邊呵氣，這個神奇怪地問他原因，他解釋道：「我的手快要凍僵了，呵熱氣能讓他們暖和起來。」

後來的某一天，他們在一起吃東西，由於食物很燙，人就拿起碟子在嘴邊吹著，神更奇怪了，問他原因，人回答說：「吹氣能讓食物變涼。」神聽了生氣的說：「你這個人不誠實，怎能做朋友，同樣一口氣怎能既使東西冷，又能使東西熱。」

人生悟語

這個神頑固得可笑，不去調查客觀事實的真相，也沒有聽取朋友的解釋，就斷然絕交。

同是一口氣，卻有著呵氣與吹氣的區別，所以能產生不同的效果。生活中的真理只要你仔細觀察就會知道，外表相似，本質卻並非如此簡單。

Humanity

小惡

一個人被一隻跳蚤折磨了很久。最後，他終於抓住了牠。他怒氣難平地說：「你這個可惡的東西，竟敢來吃我的血肉，還浪費我這麼多的時間和精力來捉你。」

跳蚤回答說：「我罪不及死，因爲我沒有使你受到多大的損失啊！我吃的那些肉對你來說也是微不足道的。」

那個人回答道：「做惡無論大小都應該受到懲罰，你一定要死在我的手上。」

人生悟語

「莫以惡小而為之」因為惡念即起，不分大小，都會給他人帶來困擾和傷害。而且小惡越積越多，也會變成大惡。所以對惡不應該姑息，應該及早消滅以免將來釀成大錯。

雖說大惡將會得到法律的制裁，而小惡也許不為法律所約束。但不要以為這樣就可以「小惡不斷」了，因為倫理道德不會寬容你，即使正義之士不來懲罰你，你最終也會自食惡果。

Humanity

誰才是真正的強者

老鷹和甲蟲互相敵視。老鷹常在甲蟲不在時，抓小甲蟲吃，甲蟲也偷偷地爬進老鷹的巢裏，把蛋推出巢去。

有一天，老鷹終於忍無可忍，便到天帝面前告狀，天帝很同情牠，就讓牠把巢築在自己的膝蓋上。當鷹在天帝的膝蓋上產下蛋後，甲蟲就在四周飛繞。天帝忍不住站起來，想趕走甲蟲，結果蛋摔下來，全都摔破了。

人生悟語

強壯的鷹拿弱小的甲蟲沒辦法，向「萬能」的天帝求助，但天帝也沒能保護得了牠，最終甲蟲不費吹灰之力就戰勝了鷹。

強和弱是相對而言的。沒有絕對的強大，也沒有絕對的弱小；強者有強者的弱處，弱者也有弱者的智慧。所以，弱者切不可妄自菲薄，運用自己的智慧以柔克剛，最後一定會戰勝強者。

Humanity

為名所累

一隻母狼生下一隻小狼，這隻小狼後來長得又高又壯，牠的體力和速度在狼中首屈一指，無可匹敵。大家送了一個外號給牠，叫牠「獅子」，於是這隻不太聰明的狼信以爲真，索性離開了狼群去與獅子爲伍。

一隻狐狸見此情景，對狼說：「你這麼做，太狂妄了，也不值得敬佩。在狼群裏，你很出色，的確有點像頭獅子，可是當你在獅子面前時，卻永遠只是一隻狼罷了。」

人生悟語

那隻狼在同類中出類拔萃，被尊稱為「獅子」，本來是好事，結果牠卻為名所累，非要去當根本不能成長的獅子，好事就成了壞事。其實在狼群中稱王是多麼的威風，可是到了成群的獅子裏就成了最低層的無名小卒了。

「寧為雞首，不為龍尾。」可是有的人雖然懂得這個道理，但當他得到了一些名不符實的榮譽時，便開始飄飄然，忘乎所以，自以為真的很了不起，這樣的妄自尊大，未免太可笑了。

Humanity

過河拆橋

暴風雨將一家人困在鄉下的屋子裏，由於沒有糧食，主人爲了生存，不得不殺了他的綿羊來吃，接著，連山羊也都殺來吃了。

可是暴風雨沒有停，迫不得已，主人又殺掉了他的耕牛。

這時主人的幾隻狗暗自商量：「主人連耕牛都不放過，更何況是我們呢？看來，咱們得離開了，否則也有殺身之禍。」

從人的角度來說，在這種困境之中，殺羊宰牛是迫不得已的權宜之計，無法避免，似乎可以原諒。然而從動物的角度來看，這種過河拆橋、卸磨殺驢的行為卻令人心寒，畢竟牠們都是有功之臣。

困難中，有人為了自己的利益不惜犧牲朋友，本來患難之時理當合作以求生存，這樣只顧自己的做法，很容易引起別人的反感而產生更大的衝突。

Humanity

不合理的考驗

公主在全國的未婚男子之中徵婚選偶，最後選中了一位出色的英俊少年。爲了考驗他是否對自己真心，公主要求他與老虎決鬥，以表忠誠。

那個英俊少年生氣地說：「要是妳覺得老虎比我更勇猛無敵，那就嫁給牠算了。」

人生悟語

公主為了考驗別人的誠意，置人家於生死的危險邊緣，未免太看重自己而輕視了別人，厚此薄彼的行為是不受人歡迎的。

為了自己的一點利益不惜犧牲別人的一切，實在是太自私。要知道，必須先對他人尊重，他人才會尊重你，這是一個很簡單的道理，平等是很重要的。

Humanity

無法信任

一隻狼從燕麥田裏出來，遇到了一匹馬。

牠非常誠心地對馬說：「和我一起到燕麥田裏去吧！在那裏我給你留了上等的燕麥，因爲你是我的好朋友，而且你咀嚼燕麥的聲音我也很喜歡聽。」

馬聽了只是淡淡地說：「你是不吃燕麥的，要不然怎麼會虧待自己的肚子，讓耳朵去享受呢！」

人生悟語

狼是肉食動物，燕麥不是牠的食物，所以牠才肯把燕麥讓出來。也許這一回，狼是真的無惡意，但牠一貫的虛偽和自私卻令人十分討厭。所以馬非但沒有感謝牠，反而揭穿牠的本來面目。

為非做歹的人偶然做一件無惡意的事，也會讓人「另眼相看」。可見，給別人留下了壞的印象，就很難再改變了。

Humanity

報復與報答

一隻豹不小心掉進了陷阱。牧羊人看了，有的憎恨牠就扔石子石塊；有的可憐牠就扔了一些食物。這些牧羊人以爲經過一個夜晚，豹就會因飢餓而死。

不料，第二天豹恢復了元氣，躍出了陷阱，回到自己的洞裏。

幾天之後，牠出來把許多羊都吃，牧羊人害怕遭到報復，就親自殺了許多羊去求豹的饒恕。

豹對他們說：「誰扔的石子，誰扔了食物，我都記得很清楚。扔食物的請站在一邊，我只報復傷害我的人。」

人生悟語

落井下石的人往往是卑鄙的小人，乘人之危惡言惡語或做一些見不得人的小勾當來發洩自己的私憤。這種人一般都沒有徹底毀滅對方的勇氣，所以等對方時來運轉的時候，他就難免遭到指責和報復。

對好人，落井下石是卑鄙的行徑；對惡人，我們不僅需要落井下石，更需徹底毀滅對方的勇氣。

愛計較的下場

一隻獅子和一隻狐狸合作，狐狸負責尋找食物，獅子負責捕殺食物。得到的食物兩人分享，這樣牠們就都餓不著了。但過了不久，狐狸心裏不平衡了起來：「沒有我去發現食物，我們能得到食物嗎？獅子有什麼本事為什麼要分享那麼多。」

於是，牠離開了獅子，自己去尋找食物，第二天，狐狸去羊圈抓羊時，被獵人和獵狗抓住了。

人生悟語

分工互助本是獲取食物的最好辦法，而狐狸卻認為獅子坐享其成，為了獨自獲取利益，竟不顧自己的能力獨自去抓羊，結果不僅失去了合作時擁有的利益，而且連性命都給賠了上去。

妥善分工合作，各司其職盡其能，大家都能獲取利益。反之，因貪心想謀更多的利益不顧自己的能力，下場就會和這隻狐狸一樣。

Humanity

無理的要求

母獅子召集了森林裏的動物開會，說自己太忙，無暇看顧自己的孩子小獅子，因此想請牠的臣民們代勞，替牠哺育幼獅。動物們互相看了看，面面相覷，誰也不作聲。

後來有一隻兔子小心翼翼地說：「獅子大王，作爲您的臣民，我們當然應該爲您效勞。只是您可以保證您的寶貝不吃我們嗎？」

人生悟語

平時作威作福，欺壓別人，到頭來還要得到別人的幫助，這種要求相信是沒人會接受的。

平時就應該和睦相處，因為在友善的互動下，大家才會相互幫助。

Humanity

最有人緣的神

有一次雅典娜來到人間，發現眾神的雕像中維娜斯的最多，她不禁感到憤憤不平。

她到宙斯那裏訴苦：「爲什麼人類在廟宇裏對我崇拜不已，在家中卻對維娜斯情有獨鍾?簡直太不公平了。」

宙斯說：「這很簡單，因爲妳在人類的心目中是神聖不可侵犯的，而維娜斯卻很願意充當人類的情人。」

人生悟語

人際交往是一門很複雜的學問，像雅典娜這樣的人，高高在上，人們往往對他們很敬畏，甚至是敬而遠之，這類的人通常是領導階層，可敬而不可愛。

至於維娜斯，和人們的地位往往是站在同一高度的，很平等，所以大家對她的感覺很親切，這一類的人適合做朋友，沒有隔閡。

Humanity

互助

瞎子與跛子結伴同行，因爲看不見，他懇請跛子替他帶路。

跛子說：「這好辦，不過你也知道，我是個跛子，一條腿長一條腿短，我看這個世界都是傾斜的。道路也是如此，因此很難走。要是你肯背著我走的話，這就好辦了。」瞎子沒辦法，只好背著跛子到處走。

人生悟語

瞎子因為眼盲所以不得不請人幫忙，而跛子在答應的同時也提出了自己的要求，並不過分。

在許多情況下，幫助並不是隨便就可以得到的，因為你需要幫助，別人也需要幫助。所以最好的辦法是，大家互相截長補短，互相幫助。畢竟，與人方便才能與自己方便。

Humanity

急中生智

一隻蝙蝠掉到地上，被黃鼠狼捉住了，蝙蝠苦苦哀求饒命，奈何黃鼠狼不答應，因爲牠最恨鳥類。

於是蝙蝠縮起翅膀，證明自己是隻老鼠並非鳥類，因此順利地脫險，想不到第二回牠又落到另一隻與老鼠爲敵的黃鼠狼手裏，這次蝙蝠張開翅膀，表示自己是飛禽絕非鼠輩，於是又救了自己。

人生悟語

在孤立無援的情況下，只有靠自己才能擺脫困境。這就必須具備以下的條件：第一，對自己有充分了解，知道自己的各項特點與才能；第二，對周圍環境有較強的判斷力，摸清情況；第三，將前面二點結合起來就可以了，簡單的說就是「隨機應變」。

Humanity

投機取巧的後果

有個鹽販趕了頭驢去海邊買鹽，回來時讓驢馱著鹽。過河的時候，驢不小心跌了一跤，驢背上的鹽因此溶解了不少，驢馬上輕鬆了許多。

第二次馱鹽過河時，驢故意在老地方跌下去，再爬起來時，身上的擔子又變輕了，驢子為自己的小聰明得意地大叫起來。

鹽販看穿驢子的伎倆，過了幾天，帶著驢第二次去海邊運貨，這次買了一大包海綿。

這回經過那條河時，驢子又一次裝作不小心跌到河裏，不料海綿吸飽了水，重量一下子增加了好幾倍，壓得驢子直不起腰來。

人生悟語

做事情應當態度端正，踏踏實實才好，像驢子那樣，第一次第二次投機取巧，讓別人受了損失，第三次背海綿，害了自己，可見，這樣做對誰都沒有好處。

僥倖占了一次便宜，便以為找到了成功的捷徑，殊不知成功的道路上沒有捷徑可言。

Humanity

逞英雄

獅子偶然闖進了農場，農場主人想捉住牠，於是關上了農場大門將獅子困在裏面。無路可逃的獅子咬死了許多羊，又撲向牛群一陣亂咬。

農場主人開始害怕，他擔心獅子再來咬他自己，於是打開門放走了獅子。望著滿地被獅子咬死的牛羊，農場主人痛心不已，十分心疼自己的損失。

他的妻子對他說：「這都是你自找的，平時聽見獅子的吼叫聲你都會嚇得發抖，這回卻要把獅子關在自己的農場裏，以你的膽子，這麼做有可能會成功嗎？」

人生悟語

農場主人沒有膽子、沒有力量，卻還妄想捉住獅子，結果當然沒有成功，反而付出慘痛的代價，這個教訓應當吸取。

做事應當量力而行，非能力所能及的事情，不要勉強自己去做，因為成功的可能不大，而且失敗的代價是沈重的，所以要權衡利弊，三思而後行。人貴有自知之明，這是很重要的。

Humanity

損失慘重

狐狸經常偷農夫飼養的家禽，因而農夫非常痛恨狐狸，將牠視爲眼中釘、肉中刺。終於有一天農夫得到了報復的機會。抓住了狐狸，他把浸油的繩子拴在狐狸尾巴上，用火點著。

身上帶火的狐狸疼得四處逃竄，奔入田裏，燒光了農夫已經成熟的小麥，農夫這下損失慘重，垂頭喪氣地回家了。

人生悟語

並不是說狐狸不應受到懲罰，而是做事應該講原則講方法。過於激烈的行為於事無補，反而會給自己帶來很大的麻煩，有的人就喜歡用自己的方式「私了」，而不願訴諸法律，結果本該是「原告」最終也成了「被告」。

在喪失理智的情況下，復仇的火焰不僅會燒毀別人，而且還會燒毀自己。

Humanity

嫉妒

一隻老鷹捉住了一隻羊羔，然後振翅飛上了天空，烏鴉看見了非常嫉妒，決定要和老鷹比比實力，牠看準了山坡上一隻大山羊猛衝過去，用盡全身的力量，想把這山羊掀起，但是山羊一動也沒動。

牠耗盡了所有的力氣，最後被獵人輕而易舉地捉去。

獵人剪了牠的翅膀送給他的孩子們，孩子們都很好奇：「爸爸，這是什麼鳥？」

獵人回答說：「是隻傻烏鴉，牠竟和老鷹比實力。」

人生悟語

烏鴉犯下的一大錯誤就是嫉妒，不考慮自己是否有嫉妒的資格和實力，只想與人爭長短卻不自量力，結果只能是自取其辱。

其實，嫉妒也可以轉化為努力向上的動力，向人家看齊就得先虛心學習，之後再圖超越也不遲。

Humanity

吝於分享

有一條毒蛇餓極了。牠竄進冶金店中，想在一堆器具中找點東西吃。最後，牠看見一把銼刀，就哀求銼刀送給牠些食物，銼刀回答牠說：「你真是個沒有頭腦的傢伙，不了解我之前就向我求食，我雖然常常接受別人的東西，但誰也別指望我會給別人東西。」

人生悟語

銼刀是一種非常堅硬的刀具，牠只會從別的器物上獲取東西，而自己卻分毫不損。就好像一個守財奴，他終生從事的工作就是到處搜刮，而別人要想從他手中拿走一文錢都是妄想，向這樣的人乞討求食，後果是可想而知的。

故事中的蛇沒搞清銼刀的本性就去求食，結果得到的只能是嘲笑和諷刺，這其中的道理是一樣的。

Humanity

欺善怕惡

人們第一次見到駱駝時，因爲駱駝身體龐大，人們非常害怕，嚇得轉身就逃。

後來，他們慢慢發現駱駝性情馴良，就壯著膽子，逐漸接近牠。又過了些日子，他們發現駱駝簡直太溫和了。可以說一點脾氣也沒有，於是膽子大了起來，做了轡頭裝設在駱駝身上，並派一個小孩子去駕馭牠。

人生悟語

這個故事反映了人們認識事物的過程，是從害怕到觀察到試探到接近，最後來駕馭，是循序漸進的。同時我們也不難看出過度的善良，往往會給對方得寸進尺的機會，難免遇到任人擺佈的命運。

Humanity

沒有退路

由於天氣炎熱，一隻兔子渴得要命，牠發現了一口井，立刻坐進吊桶到井裏喝個夠。當牠想返回地面時，才發現自己根本爬不上去，不禁大聲呼救起來。

一隻狐狸經過，對著裏面的兔子說：「你太性急了，當初怎麼沒想想自己的後路呢？」

人生悟語

草率行事，總要為此付出代會。古語說，三思而後行，之所以流傳至今，是有其道理的。在條件允許的情況下，行動之前最好能全盤考慮，尤其對後果要事先預想清楚。這樣才算是對自己的行動負責，才不會後悔。

Humanity

勇氣和智慧

父親問自己的兒子：「如果你遇見了狼，你會怎麼做？」

兒子回答：「我就逃跑」。

父親很不滿意，訓斥他道：「胡說，你應該用獵刀去對付牠。」

兒子接著問：「那和兩隻狼呢？」

「那麼就用獵槍打牠們。」

「要是有十隻狼呢？」

父親這回也沒辦法了，無奈地說：「那你還是跑吧！因爲已經別無選擇了。」

人生悟語

人的勇氣是有限度的，如果只對付「一兩隻狼」時可索性地勇往直前，無所顧忌；但對付「十隻狼」，因為寡不敵眾，就只得退讓逃命。

其實這並不可笑，而是一種非常靈活而且有效的策略。因為面對一隻狼時逃跑，是一種怯懦；面對十隻狼戰鬥，也不是勇敢，而是莽撞。所以說，根據實際情況，審時度勢，做出相應的行動，才是明智之舉。

Humanity

出賣

一個捕鳥人捕到一隻鷓鴣，準備把牠殺來吃。

這隻鷓鴣哀求他說：「饒我一命吧！爲了報答你，我願意把我的同伴們引到你的網中來。」

捕鳥人回答道：「你這個沒情義的傢伙！爲了保全自己的性命，竟然不惜出賣自己的同伴，像你這樣的傢伙死了也不會有人憐惜的。」

人生悟語

千萬不要聽信這類小人的謊言，因為牠今天可以為你出賣了親友，朋天就可能為了別人出賣你。

為了保全自己生命和利益，而不惜犧牲同伴或親友的生命和利益，這是典型的小人行徑，最為人所不齒。

Humanity

背叛

驢子和狐狸是朋友。有一天，牠們一起去森森中覓食，碰巧遇到了獅子。狡滑的狐狸裝出勇敢的樣子走到獅子面前，小聲對獅子說：「求求你，不要殺死我，爲了報答你不殺我之恩，我會想辦法幫你把驢子抓住。」

獅子假裝應了狐狸，於是狐狸把驢子騙到一個深坑前，趁驢子不注意之時，把牠推了進去。獅子見驢子已經到手，就立刻抓住了狐狸。

人生悟語

在面對共同的敵人時，應該同仇敵愾，團結就是力量，驢和狐狸的合作未必就不能脫險。可是狐狸為了保全自己的性命，出賣了朋友，在無形中使自己勢單力薄，也給了獅子可乘之機，最後一樣葬身獅腹，這就是叛徒的下場！

Humanity

軟弱的妥協

有個阿拉伯商人牽著駱駝在沙漠裏趕路，晚上搭帳篷休息。

半夜裏，駱駝把商人叫醒，牠對主人說：「現在外面風沙很大，吹得我都睜不開眼睛，能讓我把頭伸進帳篷裏嗎？」商人答應了，於是駱駝伸進了牠的頭。

過了一會兒，駱駝又要求伸進前半個身子，善良的商人答應了，爲了讓個地方他只好挪到角落坐著休息。

可是駱駝還是不滿足，把整個身子都擠進帳篷，將角落裏的商人拱到外面去。

人生悟語

寬容是一種美德，正如《聖經》所說：「如果有人打我的左臉，那麼我把右臉也讓給他打。」不過寬容也不可以濫用，不然就成了軟弱的妥協，給人可乘之機。

讓步是講原則的，一味地消極退讓，不但犧牲了自己的利益，還助長了他得寸進尺的貪心，所以這樣做對誰都不會有好處。

Humanity

貪得無厭

野兔在窩裏睡覺。這時一頭獅子經過這裏發現了牠，並且悄悄逼近，而兔子毫無知覺。獅子忽然發現一隻美麗的小鹿，於是拋下野兔去追小鹿。野兔被牠們驚醒，立刻爬起來逃走。

獅子跑了老半天也沒追上小鹿，正打算回來吃野兔，可是兔子已經跑得無影無蹤了。

獅子後悔地說：「爲了多得到一些，反而將到手的食物給放掉，實在太不應該了」。

人生悟語

在獅子眼中，野兔與小鹿相比較，自然是後者更具有誘惑力。這也正是促使牠改變主意的原因之一。然而追求目標的價值越大，所付出的代價與努力也隨之增加。因此在考慮目標價值的時候，也不應忽略其可行性的難度。

一心二用的人常常貪多，結果總是兩手空空，對這種人來說，目標專一，排除外在干擾，是很重要的。

Humanity

樹大招風

路旁的胡桃樹上結滿了果實，引得行人駐足。他們爲了吃到胡桃，就用石頭扔，拿棒子打，結果弄得胡桃樹傷痕累累。

它很難過地說：「我獻給人們的是果實，他們回報我的卻是一頓痛打，太不公平了。」

人生悟語

樹大招風，如果輕易地將有價值的東西外露，就會招惹麻煩。

用物質等種種好處來討人喜歡，收到的效果不一定理想，甚至會產生反效果。因為輕易給人好處，他們不但不會感激你，反而容易激起了貪欲，不擇手段去剝奪。

Humanity

馬後炮

有一回幾隻狗看見一面獅子看板，馬上張牙舞爪地撲上去，將看板撕得粉碎。狐狸見了牠們這副勇猛的樣子。笑道：「假如這是一頭活的獅子，你們的體會就會更深，因爲牠的爪子比你們牙齒還鋒利。」

其實狐狸不說，狗也明白，牠們這麼做，只不過是做做樣子，以解平時對獅子敢怒不敢言的私憤。

人生悟語

面對強大的對手，知道無法與人家抗衡，卻又心有不甘，而拿人家的東西來洩恨，這種心態是不正常的。你可以拿出勇氣，找人家光明正大地較量；不然你就要有自知之明，對人家敬而遠之。

Humanity

諂媚

老鷹不幸被人捉住，關在雞籠子裏，而且翅膀也被剪了下來，處境十分悲涼，老鷹常爲此而感到難過。

結果另一個人將牠從市場裡買走，讓牠的羽毛重新生長。

老鷹翅膀長好後，牠又能飛翔了，並且捉了一隻兔子答謝牠的第二任主人。狐狸卻對牠說：「你用不著感謝這個人，應該把兔子給那個剪你翅膀的人，以免下次碰到你，又要剪你的羽毛。」

人生悟語

狐狸的話是錯誤的，不謝恩人反而謝敵人，這怎麼合情理，而且這樣也太沒有骨氣了。

以德報怨雖是一種美德，但是對手若是惡意傷害（並非無意傷害）你的人，原諒他還可以，如果還要向他獻諂，那也未免太長他人威風滅自己銳氣了，別人都會看不起你。

做人還是堂堂正正有骨氣，才能不被人欺負。

Humanity

真槍實彈

農夫剛剛在田地裏播下麥種，就飛來一群鸛雀在那裏扒土覓食，農夫氣壞了，趕忙拿出一把彈弓揮舞著嚇唬牠們，想把這群鳥攆走。

鸛雀見農夫只是拿著空彈弓，沒有石子，就不再害怕，自然也不肯離開。

農夫索性裝上石子，打死了不少鸛雀，其餘的鸛雀立即四散逃命，一邊飛一邊喊：「咱們還是離他遠一點吧！這個人不光只是會虛張聲勢，還有實力作後盾，能夠付諸行動呀！」

人生悟語

不義之財不可取，看上人家的東西就想盡辦法要弄到手，這跟小偷強盜沒什麼區別，是多麼可恥的行徑。其次，輕視你的對手，是鸛鳥犯下的第二項錯誤，知己知彼，才會百戰百勝。

虛實結合，是一種很厲害的戰術，切不可被別人的虛張聲勢迷惑，一旦大意，對方就會使出本領，你就遭殃了。

Humanity

加碼

牧人趕著牛群在樹林裏放牧，發現少了一頭小公牛，到處尋找也找不到。

於是牧人禱告說：「神啊！如果讓我找到偷牛賊，我願意貢獻一隻羊給您。」

接著他翻過一座小山丘，看見一頭獅子正津津有味地享用著他的小公牛。

牧人嚇得四肢發抖，雙手合十向上天祈求道：「我剛才禱告，如果能找到偷牛賊，我就獻出一隻羊，現在我已經看見賊了，我想再補充我的諾言，只要能讓我從獅子口下保住性命，我願意在丟掉小公牛的基礎上再多加一頭大公牛。」

人生悟語

故事中的牧人是聰明的，他懂得一個很重要的道理：犧牲。沒有付出怎麼能有回報呢？為了一頭小牛，他願意犧牲一隻羊；為了自己性命，他願意再捨棄一頭大牛，可謂明智。

當你面對挫折，力圖挽回損失的時候，不必強求完璧歸趙，只要努力使損失降到最低就可以滿足了，否則你有可能會失去更多的東西。「賠了夫人又折兵」，豈不是得不償失？

大言不慚

有一頭熊對狐狸誇耀自己的仁慈而善良，牠得意地說：「在這麼多的動物中，只有熊是尊敬人類，和善得連人類的屍體都不碰一下。」

人生悟語

的確，熊不吃死人，因為牠要吃活人，這比其他動物都還要可怕得多，但牠卻偏偏說得那麼冠冕堂皇。

「仁慈」不是用來誇耀的，至少應由旁人來肯定，因此聽到某人訴說他自己的某些優點時，不妨向熟知他的人打聽打聽，這是非常具有參考價值的。

這種口蜜腹劍者，最難防範。

涉世未深的人，聽了他人的甜言蜜語之後，很難不被迷惑並與其親近，等上當時恐怕後悔已來不及。

Humanity

冤冤相報

屋門口的洞裏有一條蛇，一天蛇咬傷了屋裏的嬰兒，結果嬰兒中毒而死，全家人十分傷心。

嬰兒的父親決心報仇，要殺死那條蛇，於是他拿了斧頭，守在蛇洞口。等蛇出來的時候，他一個斧頭砍下去，可惜沒有砍到蛇頭，只砍斷了蛇尾，結果蛇跑掉了。

全家人因此心中不安，生怕蛇再來報復，於是想要講和，便拿了食物送到蛇洞裏去。但是被蛇拒絕了，牠說：「我們之間是不可能有和平的，我一看見你，就想起我被砍斷的尾巴，你一看見我，就會想起死去的孩子。」

人生悟語

俗話說：「多個朋友多條路，多個冤家多堵牆」，可見冤仇易結不易解。但是仇恨是不會輕易消除的，常會冤冤相報下去。

人與人之間，能和平友好地相處，是不容易的。平時不覺得，一旦結仇，就會有深刻的體會。

遊戲・死亡

幾個小孩在池邊玩耍，看見水裏有許多青蛙，就想出一種遊戲的方式，大家用石頭丟青蛙取樂。

有好幾隻青蛙被打死了，其中一隻膽大的青蛙跳出來抗議：「孩子們，趕快住手吧！對你們來說這是遊戲，對我們來說卻是付出生命的代價啊！你們也未免太殘酷了。」

人生悟語

青蛙的一番話語，道出了世態的炎涼，「朱門酒肉臭，路有凍死骨」。有人為了追求快樂，忘了別人的感覺，因而有人在深夜打麻將擾及四鄰，有人騎摩托車在馬路上橫街直撞……

得意忘形之際，不妨反省自己，多替別人想一想，不要成為讓大家討厭的人。

生活中有喜也有憂，尤其是當有人把自己的快樂建立在別人的痛苦之上時，形成的對比感受就更加鮮明了。

擺脫心靈上的負擔

人的一生是很短暫的，榮華富貴如過眼雲煙，不必太在意，關鍵在於如何正視自己的價值並實現自己的價值。生活中都各有遺憾和幸福，所以過好自己的生活就足夠了，不必一味地去羨慕別人。

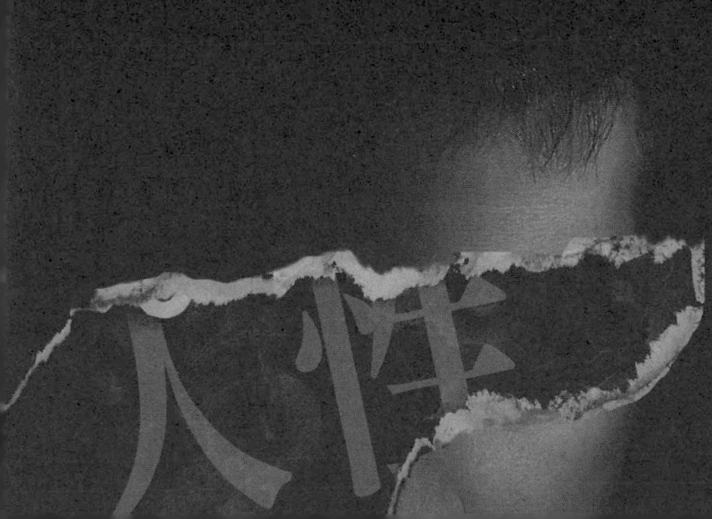

Humanity

虛情假意

有一群巢中的鳥生了病。一隻貓得知後，拿著手杖和醫療器具，扮成醫生前來探望。

牠敲了敲「門」，問鳥兒們：「你們的身體怎麼樣，如果不舒服我幫你們看一看病吧！不收醫療費的。」

巢中的鳥兒聽了貓虛情假意的關心後，仍不爲所動，並對牠說：「我們大夥的身體都很好，而且只要你離我們遠一點讓我們在此安居，我們會永遠健康的。」＊人生悟語讒嘴的貓幫鳥兒看病，無異於是黃鼠狼給雞拜年，這種僞善之心昭然若揭。

人生悟語

如果本質是醜惡的，那麼在外表無論做出多少和善的掩飾，都會在無形中露出馬腳。

如果一個人居心不良，那麼他的舉動會高尚到哪裏呢？

真的善心才可以因誠於中而形於外，為人們所接受，假的「善心」就逃不過人的雙眼了。當然，初涉世事的人經驗不足，較容易輕信上當，那就得要更小心了！

Humanity

抱怨

一輛滿載重貨的牛車，在滿是石子的鄉間小路上顛簸前進。

老牛使勁地拉著車子，車軸隨之發出吱吱軋軋的叫聲。

老牛聽見聲音，回過身來對輪軸說：「一直是我在出力，應該叫的是我，而不是你，你沒有資格。」

人生悟語

據說有經驗的醫生都有這樣的體會：送到醫院的急診病人，大聲呻吟呼叫的可以先不用理會，因為他們還有力氣呼叫，表示沒立即性的危險。而要先救不叫不喊已經沒力氣的病人，他們才是真的嚴重病號。

故事中的牛負擔最重，受累最多，卻默默不語，而剛吃了一點苦的車軸，卻大聲叫個不停，生怕別人不知道，兩者之間形成了鮮明的對比。所以，拉車的牛才是值得稱道的對象。

在你抱怨自己的勞苦時，不妨看一看別人，也許就不會斤斤計較，憤憤不平了。

羨慕

花園裏有一對鄰居：玫瑰和不謝的花，它們總是互相讚賞。

不謝的花道：「我羨慕你的美麗和芬芳；你是上帝的寵兒，人類愛情的象徵。」

玫瑰回答說：「我的榮華並不能長久，輕浮就會萎謝凋零，怎比得上你能永保青春，花開不謝，你才是最令人羨慕的呢！」

人生悟語

每個人都有被他人羨慕之處。

玫瑰的生命雖然美麗卻短暫，不謝花雖然平凡卻長久。牠們的生活中都各有遺憾和幸福，所以過好自己的生活就足夠了，不必一味地去羨慕別人。

人的一生是很短暫的，所以榮華富貴如過眼雲煙，不必太在意，關鍵在於如何正視自己的價值並實現自己的價值。

Humanity

外表

有個人有一個兒子和一個女兒，兒子以美貌出名，女兒則以醜陋稱著。

有一天兄妹倆在一起玩，偶然間在母親梳妝檯的鏡子裏看到了他們自己的面容。哥哥爲自己的美貌頗爲得意，十分高興；而妹妹卻很難過，她不能容忍哥哥那麼高興，好像在嘲笑自己。

妹妹很生氣，想報復哥哥，就對母親說哥哥壞話。

父親將兩個孩子摟在懷中，說道：「我希望你們兄妹二人每天都去照一次鏡子；你，我的兒子，你應當警惕自己不要被惡行污損了美貌；妳，我的女兒，妳可以用妳的美德，來彌補妳外表上的不足。」

人生悟語

人縱然美，但不能十全十美，人縱然醜，但也不是就一無是處。

完美長處，彌補短處，這是一個很不錯的主意，該如何去做呢？不妨像寓言中所說，每天照照鏡子。

責備

一個旅行者收拾好行囊，準備出發，只見他的狗懶洋洋的趴在門口，於是他大聲責問：「怎麼還在那裏打哈欠，我都準備好了，還不趕快跟我走？」

狗搖搖尾巴回答說：「噢，主人，我早就準備好了，我是一直在等你呀！」

人生悟語

看來做事情必須要有靈活的頭腦、應變的方法和豐富的經驗，否則付出的努力是不會與成果成正比的。正如那個旅行者，由於自己的無能反倒覺得自己比別人辛苦，因而責罵那些比他聰慧、敏捷的人。

自以為聰明的人往往是愚笨的，他常拿自己的過失去批評別人，而不知檢討自己。

由此就不難理解，在現實生活中為什麼有才能的人總是遭人妒忌了，因為庸才在苛求別人時，從不肯看看他自己。

Humanity

自誇

有一盞燈盛滿了油，因此發出了很亮的光，於是牠便很驕傲地認為自己比太陽還亮。

正說著，忽然來了一陣風把牠吹滅了。主人重新點亮燈，對牠說：「別自誇了，從今以後你最好老老實實地發光，你要知道，別說是太陽了，光是一顆小小的星星，也不必像你這樣，需要別人幫忙才能重新綻放光芒。」

人生悟語

越是有本領的人，越感到自己的不足，相反越是沒才能的人，越覺得自己了不起，就像那盞油燈，才發出那麼一點光，就以為自己超過了太陽，未免狂妄得可笑。

人外有人，天外有天，比自己強的人多得是。當一個人覺得自己了不起時，他已經開始退步了，而且還更不如從前。

顯露本性

有位王子喜歡養猴子，他費了不少心思讓自己的幾隻猴子學習跳舞。後來猴子學得有模有樣，看上去倒像是個出色的舞者，因此牠們戴著面具，穿上華麗的服裝翩翩起舞，受到了很多人的熱烈歡迎。那種榮譽，就好比驕傲的大臣一樣。

有一回猴子們正在跳舞表演，一個朝臣出於惡作劇的心理，從口袋裏掏出一把核桃，扔到舞台上去。

猴子一見核桃，馬上忘了跳舞，在那裡搶起來並互相扭打，結果面具掉了，衣服也撕破了，這副狼狽相引得觀眾大笑。

人生悟語

江山易改，本性難移。任何偽裝的外表，在特定的場合中都可能被揭破，而露出本來面目。這種掩飾自己的行為往往會受到大家的排斥，還不如坦誠自己的缺點。所謂「寧做真小人，不當偽君子」，就是這個道理。

如果要改變現狀，光做表面工夫是不行不通的。

Humanity

放棄

有個人天生嗜酒如命，一直到老了還是如此。

朋友勸告他說：「你還是少喝一點吧！酒喝多了沒有好處，會誤事的。」

酒鬼回答：「不錯，我承認你說的有道理，因爲我年輕的時候的確是因爲喝酒耽誤了好多大事，才落得今天這副模樣。不過現在我已經老了，喝酒還能誤麼事呢？」

「哀莫大於心死」，酒鬼也知道自己喝酒誤了大事，可是他已經老了，覺得認識到這一點爲時已晚，後悔也來不及了。索性自暴自棄，就此沉淪下去。

人生悟語

抱著絕望的心態過日子是很可悲的，因為這意味著一個人將因為他不成功的過去，而放棄了對現在的追求，這樣做是對現實的逃避，等於承認自己徹底的失敗，不做任何反抗就宣布投降。

Humanity

身不由己

小牛見母牛在農夫的鞭下汗流浹背地耕田，感到很難過，就問牠的母親：「媽媽，既然世界這麼大，爲什麼我們一定要在這裏受苦，受人折磨呢？」

母牛頗有感觸地說：「孩子，自從咱們吃了人家的東西以後，就開始身不由己了。」

人生悟語

常言道：「吃人家的嘴軟，拿人家的手短。」受了別人的恩惠，就得替人家出力。從某種意義上來講，這並不是一個合適的交易。因為你得到的通常是一些物質上的利益，失去的卻是一些精神上寶貴的東西，比如人身自由。

官場中的腐敗，常是因為受了人家的賄賂，就放棄了原則，做出一些對不起公眾和自己的舉動，最後受到了處罰，這種教訓是何等深刻啊！

Humanity

與狼共舞

上次狼因爲吹笛子上了羊的當，把到嘴的臘肉給丟了。

這回狼有備而來的對一頭山羊說：「聽說你舞跳得不錯，那麼我吹笛子伴奏，由你來表演，我們的合作一定很愉快。」

山羊信以爲真，就使勁地跳，結果累得筋疲力盡，狼趁機撲上來抓住了牠。

山羊在死前嘆了口氣，說：「我真糊塗，怎麼能與狼共舞呢？」

不經一事，不長一智，狼上了一次當後，吸取教訓，竟能將騙術轉爲己所用，可謂高明。至於山羊，有著喜歡被奉承的弱點，結果被狼利用，最終無法脫身。

人生悟語

如果有人誇講你時，你的感覺如何，是否也會飄飄然呢？這時一定要保持清醒的頭腦，切莫因此而被人灌了迷魂湯，那可就要吃大虧了。

Humanity

尋找完美的人

美麗的女神雅典娜到了出嫁的年齡，眾生紛紛上門求婚。但是雅典娜擁有一面神奇的明鏡，能照出求婚者的原型。結果他們一個個自感形穢，含羞而去。

這樣一來，儘管雅典娜出名地美麗，求婚者卻越來越少，大家都對她敬而遠之，即便是再仰慕她，也只能退避三舍，誰也不敢接她，就因爲那面明鏡。

人生悟語

「水至清則無魚，人至察則無徒。」純淨的蒸餾水中是養不住魚的，同樣太挑剔的人也不會找到知心朋友。

如果要接受一個人，在欣賞對方優點的同時，必須也能容忍對方的缺點。人無完人，沒有缺點的人並不存在，所以拒絕缺點，倒不如幫對方改進缺點。

Humanity

壽命的由來

上帝在創造人類時，給人很多智慧，同時給了人很短壽命。但上帝在創造馬、牛、狗時，卻給了他們很少的智慧和很長的壽命。

所有的動物降臨到世界上時，正好是春天，陽光溫暖而明媚。大家都快樂的玩耍，欣賞風景，吃果子，只有人類忙著蓋房子，以便冬天時禦寒。當然，馬、牛、狗，也和大家一起遊戲，不知道爲冬天做打算。

有一天，馬像平常一樣在樹底下睡覺，突然下起雨來，那雨像冰一樣寒冷，馬被凍得渾身發抖。這時牠想起人類已建好了房屋，那兒一定很暖和，何不請求他們收留我呢？於是馬匆匆地跑到人類的家裏，說出了自己的請求，人就說：「可以啊！不過有個條件，你得把你的壽命分給我一點。」馬毫不猶豫的答應了。又過了幾天，暴風雨降臨了，牛耐不住寒冷也跑到人的家裏，人提出了同樣的條件，牛也答應了。最後，狗也凍得受不了，沒辦法，也跑到了人的家裏，要求人收留牠，人還是提出了那個要求，狗也答應了。就這樣，人類除了上帝給他的壽命外，又擁有了馬、牛、狗給他的壽命，所以人能夠活很久。

人生悟語

有人說當人類只擁有上帝賜給他的壽命時，是非常天真，善良的（指人類兒童時期）；而當他有了馬給他的壽命後，就變得與馬一樣傲慢（指青少年時期）；當他有了牛給他的壽命後，就變得和牛一樣固執（指中年時期）；當他有了狗給他的壽命時，就變得和狗一樣急躁，整天嘮叨個不停（指老年時期）。

人的智慧在於居安思危，能為將來打算。所以，他才能得到馬、牛、狗的壽命，使自己的壽命延長。但當他得到馬、牛、狗的壽命時，也得到了這些動物的壞脾氣，真是「智者千慮，必有一失」啊！

人在童年時天真善良，而隨著年齡的增長，這些美好的品性卻逐漸消失，這是什麼原因呢？答案只有在故事之外才能找到。

Humanity

不懂珍惜

一個行人騎了一匹馬匆匆趕路。半路上，這匹已懷孕的馬生下了一隻小馬駒。小馬駒生下不久後，就跟在母親後面趕路。

由於年幼，走了沒多久，牠就體力不支，頭暈目眩。於是小馬駒對馬背上的主人說：「主人，你也應當能看出我的體力弱，是沒法應付長途跋涉的。要是你不照顧我的話，我肯定會累死在路上。要是你能讓我多休息，日後我會報答你的，就像母親那樣馱著你走。」

人生悟語

得到了馬駒是一份不小的收穫，因為這意味著今後將擁有一匹大馬。不過不懂得珍惜，很可能將會失去這個收穫。

人們就是這樣，對於輕易得到的東西總是不在意，可是一旦失去了才感到當初的可貴，後悔也已太晚。想要得到，就得懂得先付出，就像種莊稼一樣，如果不細心照料，疏於灌溉，又有什麼理由指望豐收呢？總之，機會來了，就別輕易放過。

Humanity

兄弟？

有幾隻牧羊狗負責看羊，一群狼過來遊說牠們說：「你看我們長得多麼相像，爲什麼不像兄弟一樣住在一起呢？你們替人家當奴隸，人們打你們，還給你們套上項圈，吃肉時只不過扔給你幾根骨頭而已。這樣活著有什麼樂趣？倒不如像我們一樣自由自在地生活。這樣吧！你們把羊都交出來，咱們一起吃個痛快。」

狗被說服了，就跟著去狼的洞穴裏，結果一去不回，全都被狼群給殺死了。

人生悟語

人重要的是充分瞭解自己，清醒地認識到自己的地位與本質，適合做什麼與不適合做什麼都要心中有數。

聽信小人的甜言蜜語，必得走向墮落的深淵。通常這種煽動都是具有很大的誘惑力，比你的現狀要強得多，令你難以抵抗。克服它，需要有敏銳的洞察力以及平和的平常心，這樣才能避免後悔上當。

Humanity

輕視

有一匹馬身上披著華麗的服飾，牠常以此自傲。有一回一輛驢車從牠身邊經過。驢子因爲拉著重物，小心翼翼地讓路給馬過。

馬卻毫不領情，罵道：「醜陋的傢伙，真想踢你幾腳，離我遠一點！」

驢子忍氣吞聲，只求平安無事。後來，馬患了氣喘病，被趕到農場工作，摘下了裝飾。

驢子見馬拉著糞車，就笑牠說：「愛吹牛的傢伙，你的美麗裝飾呢？怎樣？現在你已成了你自己從前輕視的傢伙了。」

人生悟語

人的一生起起伏伏，誰也料不到將來會怎樣。風水輪流轉，人與人之間，高貴與卑賤的關係是會轉換的，所以不要因為暫時的順利而驕傲自大。也別嘲笑別人在逆境中的窘困。因為下一個被嘲笑的對象很可能就是你自己，將心比心，就會有深刻的體會了。

Humanity

操守

狐狸的聰明才智得到了神的青睞，祂決定將動物中的王冠送給狐狸，並且希望牠能由此大公無私、秉公辦事。

為了考驗狐狸，神在牠面前安排了一隻金龜子。狐狸一見，高興得跳了起來，往前撲了上去就要飽餐一頓。神見此情景，非常失望，就不讓狐狸當百獸之王了。

人生悟語

一個成功的人應當是德才兼備，不偏倚任何一方。

聰明能幹當然是優點，可是道德水準低下就不值得稱道了，尤其是在惡的念頭的指引下，超強的才能將成為做惡的手段，優點也就成了缺點。

比如南宋的秦檜，是有名的才子，卻因陷害岳飛成了大奸臣，受人唾罵，看來空有本領是行不通的。

Humanity

失算

一天，一隻餓狼決定採用牠的慣用伎倆掩蓋自己的嘴臉，以便能如願以償地得到食物，享受一番。

於是狼披上了羊皮，混進羊群低著頭吃草，騙過了牧羊人的眼睛，但是也因此被牧人當成羊關進了羊圈，暫時無法脫身。夜裏，狼剛要現身吃羊，想不到牧羊人拿著刀準備進來宰羊，用來準備第二天的食物，他抓住了狼，把牠殺死在羊圈裏。

人生悟語

像狼那做壞事，偽裝得再好遲早也會有敗露的一天，若要人不知，除非己莫為。狼的被殺，看似偶然，實則不可避免，這是因為惡因必種下惡果。若總是想混水摸魚，心存僥倖，是靠不住的，早晚會給自己帶來災難。

真是「人算不如天算」，這隻狼為了吃羊想盡了辦法，計謀可說是天衣無縫，然而下場卻很倒霉，絕非事先預想的那樣，真是「機關算盡反誤了卿卿性命」，聰明反被聰明誤。看來「謀事在人，成事在天」的道理不得不讓人接受，有時人是不能左右命運冥冥之中所安排的。

Humanity

樂極生悲

一山難容二虎，一個農場裏也容不下兩隻都想稱王的公雞。牠們展開了激烈的鬥爭，分出勝負後，敗者垂頭喪氣地躲在角落裏，顯得無精打采。

而戰勝的那一隻公雞，得意洋洋地飛上高牆，振翅高歌。結果樂極生悲，一隻老鷹發現了牠，從空中撲下，將牠抓走了。

剩下的那隻公雞撿了便宜，重新稱霸整個農場，而且再也不怕有誰會來威脅牠的地位了。

人生悟語

勝不驕，敗不餒，才是用兵之道。

打勝仗當然好，但這不能代表你以後也是常勝將軍，所以最好不要得意忘形，這會使你忽略身邊潛在的危險，將導致更大的失敗。「驕傲是失敗的前奏」，這話一點也不假。

失敗只是一時的失利，暫時處於劣勢，切不可自暴自棄一輸再輸，要懂得等待時機，東山再起。當然機會能給你創造勝勢，卻不等於勝利，所以還要靠自己去把握、運用。

Humanity

難逃死劫

一隻鹿被獵狗追得疲於奔命，後來不辨安危地跑進了一家農場，躲進了牛群的草棚裏。

牛善良地警告牠：「可憐的朋友，你的膽子太大了，竟敢跑到主人的家裏來，太危險了。」

鹿回答道：「顧不了這許多了，只要讓我在這躲一下子就行了，然後我再想辦法逃走。」

夜裏，牧人來餵牛，沒有發現躲在裏面的鹿，接著負責農莊的人和幾個長工經過牛棚，也沒有注意到鹿。鹿很慶幸自己躲過一劫，便向牛群致謝。

一隻牛對牠說：「別高興得太早，真正的考驗才開始，有一個人還要來牛棚，他很細心，除非你能躲過他這一關，才算脫離危險。」

這時，主人來了，他一進來就挑起毛病，先是抱怨牛沒有餵好，接著又去看草料，說：「草料怎麼剩下這麼少？還不到一半呢！這些人真是太懶了，連蜘蛛網都沒打掃。」

果然很不幸，主人發現了牛棚裏的鹿，他吩咐長工把鹿捉住並且殺掉。

人生悟語

整個農場中，每個人都只顧自己的工作，而且因為是幫別人工作，所以他們缺乏了一份細心。至於主人，因為他才真正擁有農場的人，所以特別認真，正是這樣，才發現了別人忽略的事。真是事不關己，高高掛起，只有是自己的事，才會真正的用心。

Humanity

面對現實的不公

一個獵人養了兩條狗，一條狗跟隨打獵，是獵狗，另一條狗留在家裏看守屋子。

獵人打獵回來，分獵物時，看家狗能夠得到很多野味，相反獵狗分到的卻很少，於是牠感到不公平，就找看家狗理論：「我打獵多麼辛苦，你卻守在家裏坐享其成，未免太公平了！」

看家狗搖搖尾巴，回答說：「我的朋友，不要埋怨我，去找主人訴苦吧！主人沒叫我打獵，只讓我看守家裏，靠你的打獵維持生活。」

人生悟語

看家狗說得很有道理，獵狗應先找主人抗議，而不是同伴。再者分工不同，家狗也付出勞力，並非光吃不做。

而獵狗的不平也能理解，分工不同，有人辛苦，有人輕閒，報酬卻不一定因而成正比，生活中的情況就是如此，這是現實，必須面對。

Humanity

志趣不同

一隻孔雀開屏，張開了牠美麗的尾巴，此時牠看到有隻鶴經過，於是嘲笑鶴的羽毛太難看，牠說：「孔雀的羽毛金碧輝煌，五彩繽紛，有如帝王般華麗尊貴，再看看你，羽毛灰灰的，也不好看。」

鶴回答：「比一比別的吧！我能飛上高空，在天空中長鳴，而你只能待在地上的糞堆房裡，像隻雞一樣。」

人生悟語

本來美麗的外表是孔雀的優點，可是牠卻以此為傲，並以此譏笑清亮的鶴，未免不智，無形中降低了自己的身價，更顯庸俗。

這兩種鳥的志趣不同，孔雀熱衷於外在美，欣賞自己華麗的羽毛；鶴的追求則是飛上高空縱聲長鳴。

內在美與外在美都是可取的，然而前者更為重要，因為它反應了一個人的修養與精神境界。所以那些以貌取人，並自以為美的人，常常是內心最貧瘠，最醜陋，最沒有內涵的人，就像踩在糞堆上的雞一樣，只知道自己羽毛漂亮，卻忘了腳下的一切。

Humanity

虛張聲勢

一隻蚊子停留在牡牛的角上。

過了一會兒，牠想飛到別處去，牠「嗡嗡」地叫著和牡牛告別，問牛是否捨得牠離去。

牡牛冷漠地回答牠：「你來的時候我不知道，現在你走了，我也不會失去什麼。」

人生悟語

牛也許根本沒有覺察到蚊子的存在，蚊子卻認為自己很重要，還要虛張聲勢，自作多情的來引起牛的注意。

人貴在有自知之明。一個人重不重要應該由他帶給別人的價值來決定。一味自重最後只能遭到別人的奚落和嘲笑。

Humanity

報恩

螞蟻到河邊喝水，一不小心掉進水裏，被水流衝走，危在旦夕。這時樹上的鴿子幫牠摘下了一片葉子拋在水裏，讓螞蟻爬上去，漂到安全的岸邊。

後來有個獵人打鴿子的主意，他拿著一根樹枝，上面塗著黏膠，想黏住樹上的鴿子。

螞蟻知道了他的企圖，就上前咬住獵人的腳，獵人一痛拋掉了手中的枝條，鴿子趁機飛走逃命。

人生悟語

受人滴水之恩，自當湧泉相報。鴿子當初救螞蟻是事出偶然，見牠危險救了牠。小螞蟻知恩圖報，後來回報了鴿子，救了牠的命。。於是善行有善報，後來也得到了別人的救助。

有時候幫助人不難，只是舉手之勞，何樂而不為呢？這很可能收到意想不到的回報，儘管你當初並不指望得到回報。

人的世界也應如此，如果人與人之間和善相處，互相幫助，這樣做對大家不是都有好處嗎？遺憾的是，這麼簡單的道理有的人卻偏偏不懂。

Humanity

命運

驢子看戰馬整天無事可做，卻吃著上好的草料，而自己天天做苦工，卻還吃不飽，所以常常羨慕戰馬的命運。

但是不久戰爭爆發了，戰馬隨士兵上了戰場，並且負了傷，最終死在了戰場上，驢子聽到了這件事，非常感嘆那匹馬的命運。

人生悟語

「塞翁失馬，焉知非福，塞翁得馬，焉知是福。」福禍相依而存，它們的轉換也往往難以預料。所以也不必慨嘆自己的不幸，更不必羨慕他人的幸運。

Humanity

知恩圖報

有一隻獅子在經過樹叢時，一不小心腳上紮了一根刺。牠走到牧羊人的面前，搖著尾巴，請求他的幫助。好心的牧羊人把獅子的腳放在自己的膝上，發現並替牠拔掉了那根刺。

不久，牧羊人被人誣告，判決的結果就是把他丟去給獅子吃。

當獅子從籠中走出來時，立刻認出這個曾經醫治過牠的人。牠不但沒有吃他，反而溫柔地把腳放在牧羊人的膝上。

國王聽說了這件事，下令放獅子重歸山林，並且赦免了牧羊人的罪。

人生悟語

牧羊人對獅子的幫助只是舉手之勞，但卻因為這一念之仁，使自己的生命得以保全。獅子知恩圖報也是一種美德，牠也得到了相應的回報，重返山林、獲得自由。這裏宣揚的當然不是宿命論的思想，而是善良和道義的可貴。

善良是人類的美德。「善有善報」，善良的人不一定事事順心，但最終會因為善良的美德而得到回報。

Humanity

一語成讖

從前，有一個國王，他個兒子非常喜愛武術。有一個巫師預言，這個王子將會被獅子殺死。

國王非常害怕，就把王子藏在深宮，並在宮中的牆壁上畫滿了動物的圖像，當然也包括獅子的圖像，來取悅於王子。

王子整日待在深宮裏，鬱悶極了。有一天，他指著牆上獅子的圖像大發脾氣：「父王因爲懼怕你把我吃了，把我關在這裏。因爲你，我喪失了可貴的自由，看今天我怎樣對付你。」

說著，他就拿起一根荊棘去打獅子，不料荊棘刺傷了他的手指。不久傷口開始發炎、發燒，沒幾天王子便死了。

人生悟語

故事中的國王因為巫師的一個預言就決定把王子終生「監禁」，他不知道失去自由的人，也會憂鬱而死。

故事的結果更富於諷刺意味：王子不是被真的獅子殺死，卻因為一隻獅子的圖像而死，他的恐懼毫無意義且令人發笑，也應該引起我們深思。

與其逃避命運，倒不如勇敢去面對，因為無論做什麼事情逃避都不是最好的辦法。勇敢地向命運挑戰，即使死去，也是光榮的。

Humanity

自作自受

農夫耕完田地，就給牛鬆開了犁套，牽牠們去飲水。

此時一隻又餓又渴的狼經過犁邊，情不自禁地舔了舔犁套，覺得有牛的味道，於是把頭伸了過去，想不到頭套在裏面怎麼也出不來了。

狼拚命掙扎，拖著犁在田裏狂奔。

農夫回來取犁具，看到了這一幕，拍手笑道：「看不出你這傢伙工作起來還挺賣力的。我真希望你能從此棄惡從善，天天這樣爲我工作。」

人生悟語

這隻餓狼本想吃點牛肉，卻鑽進了圈套，結果糊里糊塗地做了一件好事，真是自作自受，誰叫牠心懷不軌呢？

至於農夫，占了便宜，也很高興。不過他應清楚，像狼一樣的壞人是不會輕易學好的，偶然利用一下是可以的，千萬不能因此信任他。應當保持清醒，不要心存僥倖。

Humanity

盲目的模仿

烏鴉看見天鵝，很想自己也和天鵝一樣漂亮，擁有美麗的羽毛。

牠想，天鵝的雪白羽毛一定是在水中游來游去而漂白的。

從此烏鴉離開牠所賴以爲生的食物場所——祭壇，搬到湖泊岸邊去住。
烏鴉從早到晚不停地洗刷牠的羽毛，可是就是改變不了顏色。
因爲池塘邊缺乏牠所需的食物，烏鴉漸漸餓死了。

人生悟語

烏鴉想變天鵝，以為洗刷羽毛就行了，未免太不自量力，可是牠偏偏那麼固執，結果悲劇還是不可避免地發生了。

人總是要求發展、進步，向他人看齊，這就需要詳細地瞭解自己，同時也真正地瞭解榜樣，這樣學習起來更現實。

看一看自己是否具備榜樣成功的原因和條件，千萬不要盲目地模仿，將自己逼向非能力所能及的境地，這樣只會將自己逼入絕境，最終失敗。

Humanity

背黑鍋

一個長途跋涉的旅人由於疲勞，躺在一口深井邊睡著了。

由於離井口太近，只要他一翻身就可能掉下去，在這危險的時候，命運之神出現了，他叫醒旅人，並對他說：「先生，我必須把你叫醒，因爲假如你掉進井裏，我就得背黑鍋，受到大家的責備。因爲人們總是習慣把自己的災禍歸咎於命運之神，儘管這其中的許多不幸都是由於他們自己的失誤而造成的，可是他們卻都一直這麼說。」

人生悟語

將一切失敗和不幸歸咎於命運，是人類的一大弱點。這樣的人往往對自己缺乏足夠的自信心，迷信宿命論，認為一切都是「命中註定」的，無法避免，而不願從自身的客觀原因中吸取教訓經驗。

相反，遇到好事，有了成就，他就不承認「命」了，而是吹噓這是自己的功勞。

Humanity

看不見自己的錯

有一個古老的傳說：每個人出生後，都背著兩個袋子。一個小袋子放在前面，裝的是別人的過失，一個大袋子放在背後，裝的是自己的錯誤。

因此，人一生下來，就會很快地看到別人的過失，而不會注意自己所犯的錯誤。

人生悟語

人在遇到事情時，總喜歡挑戰別人的錯誤，很少有人能真正的審視自己，發現自己的錯誤並及時糾正。就像這兩個袋子一樣，總以為裝自己錯誤的袋子很小。其實不然，你的錯誤也許比別人的還多還大，只是，你一直都在逃避或輕忽自己的錯誤。

Humanity

信用

從前，有個商人，在去遠方經商之前，將家裏的貴重財物交給一位朋友保管。

兩年後，商人從遠方回來了，打算從朋友那裏取回那些財物。

他的朋友卻冷漠地對商人說：「我從來就沒替你保管什麼財物！」商人聽了，傷心極了。

第二天清早，這個人還在夢中的時候就被一個白鬍子老頭拉出門外，老頭大聲斥責他：「我是諾言之神，專門處罰那些不守諾言的人，我要把你帶到高山上，推到懸崖下去。」

這個人嚇得渾身發抖，諾言之神繼續說：「如果有誰做出違背諾言的事，我就會隨時出現，就像今天這樣。」

諾言之神說完，就拉著這個人向山上走去，執行他的懲罰。

人生悟語

「人而無信，不知其可。」信用是每個人確立自己人格的根本，也是人與人相處的準則。君子重然諾，輕黃金，答應朋友的事，一定要做到，怎麼能像故事中的人一樣，為了一些寶物，就背信忘義，違背諾言呢？

一個人若是失信於別人，也就失去了別人對他的信賴和尊敬，早晚要為自己的行為付出代價。

Humanity

比上不足比下有餘

野兔因牠們的天敵而膽怯，也時常爲了受到驚恐而苦惱，於是大家決定，要從高高的山崖跳到下面很深的湖裏自殺。

當牠們成群急速地要去實行牠們的決心時，那些躺在湖邊的青蛙，聽見牠們的腳步聲，驚慌混亂地紛紛跳進水裏去。

有一隻野兔對牠的同伴說：「我的朋友們，且慢！先不要行動，你們看，在這個世界上，還有別的動物膽子比我們還小呢！」

人生悟語

不要認為自己很糟糕。的確，在這個世界上，有許多比你強的人，但也有許多不如你的人，而且每個人的身上都有缺點，問題的關鍵是正視而不是逃避自己的缺點，然後再努力地克服缺點，這樣，你就會對自己越來越滿意了。

Humanity

不同的待遇

有個人養了一頭驢和一隻哈巴狗。

驢子關在欄子裏，雖然不愁溫飽，卻每天都要到磨坊裡拉磨，到樹林裏去拉木材，工作非常繁重，而哈巴狗會演許多小把戲，很得主人歡心，每次都能得到好吃的食物當獎勵。

驢子在工作之餘，難免有所怨言，總抱怨命運對自己不公平。

這一天機會終於來了，驢子扭斷韁繩，跑進主人的房間，學哈巴狗那樣圍著主人跳舞，又蹬又踢，撞翻了桌子，碗碟摔得粉碎。

這樣驢子還覺得不夠，牠居然跳到主人身人去舔他的臉，把主人嚇壞了，直喊救命。

大家聽到喊叫急忙趕到，驢子正等著獎賞，沒想到反挨了一頓痛打，被重新關進柵欄裡。

人生悟語

無論驢子多麼扭捏作態，都不及小狗可愛，甚至不如從前的自己，畢竟這不是牠所能做的工作。

正如你喜歡看電影，但卻未必能當上演員，你喜歡踢足球，可是你卻不一定能上賽場。

每個人都有各自的特點，都有適合自己的工作，也有不適合自己的工作，看人家做得好，但自己未必能行，還不如專心致志做好自己的本行，讓別人來羨慕你呢！

言教不如身教

有一隻母蟹這樣教育牠的兒子：「孩子，你怎麼能橫著走呢？向前直走多方便，改過來吧！」

小蟹說：「媽媽，您說的太有道理了，可是我不會，您做個直走的樣子，示範給我看我才能照著學習。」

母蟹試了幾次，都無法做到，對於兒子的不服氣，也就無話可說了。

人生悟語

不只是父母養育子女如此，主管帶領部屬，老師教育學生，都要靠「言傳身教」，能以自己的具體行動做出表率，勝過無數空洞的說教。「己所不欲，勿施於人」，連自己都辦不到的事情，要求別人去做，未免不近情理。

俗話說，近朱者赤，近墨者黑，有什麼樣的榜樣，就有什麼樣的效仿者。

所以你若要求別人怎麼做，最好自己也能做到。

Humanity

適得其反

一隻驢子跑到屋頂上跳起舞來，把瓦片都踩碎了。主人趕緊爬上屋頂，拿著木棒打牠，將驢子趕下去。

驢子感到十分委屈：「昨天猴子也這樣在屋頂上跳舞，你們都十分高興，爲什麼換成我，就不是這個樣子呢？」

人生悟語

猴子靈活體輕，當然可以踩著房瓦跳舞，可是驢子偏偏也想這麼做，結果誰都料想得到，牠準會挨一頓打的，這是對牠糊塗頭腦的懲罰。

因為當驢子也想跳舞時，牠忘記了自己是一頭驢子。

社會上三百六十行，行行出狀元，但推磨的狀元去跳舞，恐怕不行。

原因在於每個人都有自己的特點並且有與之對應的位置，因此也可以說他們各自的角色是相對固定的，不能隨意混淆客串。

養兵千日，用於一時

有隻野豬在大樹下，牠在樹幹上反覆的磨著牠的獠牙。

狐狸經過見此情景，就問牠：「現在又沒有獵人獵狗過來，你磨牙齒幹什麼？」

野豬回答說：「我這麼做自然是有道理的，要知道，等敵人來了需要用到我的「利器」時，現磨是來不及的。」

人生悟語

「養兵千日，用兵一時」。如果平時沒有準備，臨陣磨槍怎麼能打勝仗呢？在現今行業激烈競爭的社會中，要求得一份職業，需要許多條件，這就靠平時的累積。如果平時沒有準備，機會來了也只能眼睜睜地看牠溜走。

有許多人抱怨自己「時運不濟，懷才不遇」，其實與其花時間去抱怨，還不如做些有意義的事，厚積而薄發。是金子早晚會發光的！

Humanity

強辭奪理

幾個牧羊人在草屋裏吃午餐，他們坐在一起吃烤羊腿。

一隻狼聞到香味而來，牠對牧羊人們說：「我和們一樣也吃羊肉，可是爲什麼你們要大驚小怪地追打我、驅逐我呢？」

人生悟語

狼說的話不無道理，因為在羊的眼中，狼和牧羊人的食性相同，都要吃牠們的肉，所以從這個意義上來說，狼和牧羊人都是羊的敵人，這是狼與牧羊人的共同特點。

但是別忘了，羊是牧羊人的私有財產，所以在法律上牧羊人是可以隨意處置自己的財產。

這世上有許多像狼一樣的人，喜歡剝奪別人的財產，這是不被允許的，因為那不是屬於你的。

Humanity

自欺欺人

有一隻生來就看不見的小鼴鼠，牠不願接受這個事實，於是對媽媽說：「媽，現在我能看見東西了！」

母鼴鼠根本就不信，拿了一粒散發著米香的穀粒放在牠面前，問：「這是什麼，你看看？」

小鼴鼠說：「小石子！」

母鼴鼠悲傷地說：「唉！我的孩子，你不但沒有視覺，現在連嗅覺也失去了。」

人生悟語

人無完人，難免有所缺陷，小鼴鼠也是如此。牠天生眼盲，可是牠最大的缺陷並非在此，而是不能正視自己的缺陷，原本擁有的發達嗅覺，偏偏不用，硬是要用自己不存在的「視覺」來看，結果連僅存的嗅覺也退化掉了。

弱點能夠彌補當然好，不過不能由此而抹殺了自己的長處，揚長避短方是明智之舉。這並不是要你逃避自己的缺點，而是要「正視」牠的存在，這樣有才利於問題的解決。

Humanity

自然法則

一天，小鹿不解地問媽媽：「您長得比狗高大，跑得也比狗快，而且有角可以保護自己，您爲什麼那麼害怕獵狗呢？」

母鹿苦笑著回答：「孩子，你說得都對，我的確有這些長處，可是我一聽見狗叫，就把這些全忘了，只顧著逃命，實在沒辦法啊！」

人生悟語

大自然中，動物各有各的天性，獵狗凶猛，鹿個性溫馴，雖然身高體壯，但終歸不敵獵狗，因為這是無法改變的自然法則。

人類則不然，在較量中，體力只是一個次要的因素，智慧以及決心等精神力量才是決定勝負的關鍵。面對強敵時，不必膽怯，只要善於發揮自己的長處，攻敵之短處，放手一搏，不見得會輸，相信狹路相逢勇者勝，畢竟人不是鹿！

Humanity

是誰害死了牠

一隻母猴子生下了兩隻小猴子，但牠並不是很公平的對待自己的孩子，牠比較喜歡其中的一隻，並在牠身上傾注了大量的母愛。

對於另一隻則不理不睬。

可是有一天，那隻被偏愛的小猴子，由於被母親緊緊地摟在懷中，結果悶死了。

而另外那隻小猴子，儘管不被母親理睬，卻在大自然中自由自在地活得很好。

人生悟語

事情的發展往往就是這樣，過猶而不及。過多的溺愛讓小猴子成了溫室裡的嫩苗，經不起風吹雨淋，失去了獨自生活的能力。

教育子女時也應當適當的給予他們承受磨練的機會，學習克服困難培養他們獨立生活的能力，這對他們以後的人生是很有幫助的。

Humanity

付出代價後的經驗

有一隻貓頭鷹非常博學。牠告訴鳥兒們：橡樹的芽會黏住牠們的翅膀，一定要在它剛發芽的時候，把它消滅；亞麻子是不吉利的植物，也應該儘量讓它滅絕；弓箭手用羽毛做的箭比你們飛得還要快，你們應該時時警覺。

鳥兒們把貓頭鷹的話當成耳邊風，誰也沒聽牠的告誡，後來有的喪了命，有的闖了禍，才知道牠的話是真的。

因此，群鳥都把牠當成是萬能博士，紛紛向牠求教，可是貓頭鷹卻難過的說著：「之前因爲你們沒有經驗，我的一番好心你們卻都不理睬。」

人生悟語

愚昧者的愚昧之處就在於事前的不清醒，而智者以此為由拒絕點化他們，否則恐怕也是一種過錯、一種愚昧。

平凡的普通人接受真理時，總是要有一個時間上的過程，其中自有曲折。因此智者的見解通常不能馬上被世人所理解，這就是為什麼大家常說：「自古聖賢多寂寞」的原因。

Humanity

習慣成自然

一個富翁和一個製革匠是鄰居，他受不了製革場發出的難聞的氣味，就逼著製革匠搬走。

製革匠嘴上答應了，但還住在那裏。

就這樣，時間一天天過去了，富翁逐漸習慣了這種氣味，也不再覺得難受，就不再要求製革匠搬走了。

人生悟語

「入芝蘭之室，久而不聞其香；入鮑魚之室，久而不聞其臭。」習慣成自然，習慣會讓人很快地適應環境。但習慣不一定是好的。像故事中這個富翁，他就可能永遠地生活在那種難聞的氣味中了。

在富裕的環境裏生活習慣了，便不懂得珍惜這種環境，在惡劣的環境裏生活習慣了，就會麻痺理想，逃避現實，不求改變現狀。

Humanity

死亡的價值與意義

一隻狼正在追殺一頭小羊，小羊慌忙中躲進了廟裏。狼向牠大聲喊道：「快出來吧！否則和尚把你抓住，也會殺你去祭神的。」

小羊回答說：「與其被你吃了，還不如去祭神呢！」

人生悟語

死亡價值和意義大不相同，「或有重於泰山，或有輕於鴻毛。」

小羊被狼吃掉只能說明牠是一個弱者，無力保護自己的生命。這種死對小羊來說毫無價值可言。而被殺了去祭神，就是有了犧牲和奉獻的意義，而算是死得其所了。

生死的問題是古今中外所有人都曾經考慮過的問題，選擇一種有價值、有意義的方式，死法本身就是對「生」的一種理解和尊重。

Humanity

實力勝於一切

公山羊看見母山羊也長著和牠一樣的鬍鬚，很不高興地向上帝抗議：「雌性怎麼可以與我一樣尊貴？」

上帝回答說：「這點小事你就忍耐一下吧！牠雖然長著一個貌似高貴的雌性標記，但牠的力量和勇氣是永遠也不能和你相比的呀！」

人生悟語

空有虛榮的外表和形式上的尊貴是沒有意義的，只有實質的勇氣和力量才能使人立於不敗之地，獲得他人真正的尊重和敬畏。

所以做人不應該重虛名薄利，而要踏踏實實地培養自己各方面的素質和能力。實力才是證明自身價值的基準。

Humanity

失去生命應有的意義

橡樹向天神抱怨說：「我的生活毫無意義，因爲隨著每天的成長，我們面臨被斧頭砍掉的危險越大。」

天神回答說：「你應該感謝你所面臨的危機，因爲如果你們不長成棟樑，木匠和農夫就不會對你感興趣，斧頭加身的危險也沒有，但同時，你們的生命也就失去了應有的意義了。」

人生悟語

什麼樣的生命最有意義，每個人的看法都不盡相同，有的人認為吃飽喝足，無憂無慮，長命百歲是最有意義的；有的人則認為向自己的命運挑戰，體會和承受苦難，使自己終能承擔重任，造福於他人是最有意義的。

這兩種基本觀點境界的高低顯而易見。

Stories about human Nature

原來如此

那些你該知道的

Humanity 人性

故事

簡潔的生活

一旦奉行簡潔的準則，就能擺脫心靈受到的污染，擺脫使你的生活變得錯綜複雜的惱怒。意味著你從此不再怨天尤人，意味著去做一切你能力所及的事。不再竭力效仿，想把自己變成別人。

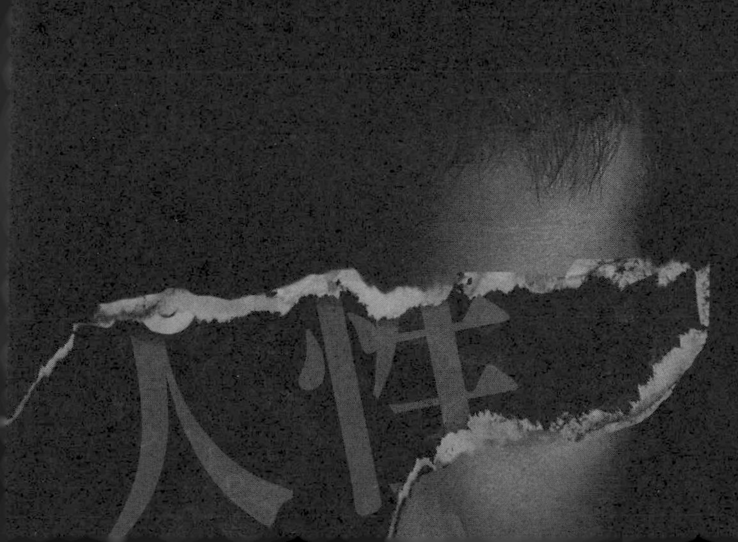

Humanity

助人為樂

哲學大師迪歐根尼爲了充實自己的學習，四處雲遊。一天來到了河邊，由於水深流急，他不敢走過河去。恰好有個好心人見也爲難，就把他背到對岸。

哲學家大爲感動，不斷誇獎好心人，並滿懷歉意地說自己身無分文，沒法報答他。這時好心人又看見有人在對岸，於是又幫這人過了河。

迪歐根尼這時候明白了，他說：「看來我不用感謝你，因爲你根本就不在乎我的名望，幫我只是本性使然罷了。」

人生悟語

樂於助人之所以被稱之為美德，就在於其行為毫無動機，不求回報。所以，不妨以此自勉，在別人有困難的時候，多替對方想想，不要過於在意自己。

Humanity

無法例外

一個農夫守護在剛播種完的田地上，他準備好了網，隨時捕殺那些來偷種子吃的鸛雀。

農夫一網下去，不僅捕住了很多鸛雀，還捕住了一隻鶴。

鶴向農夫哀求說：「你就饒我一命吧！因爲我不是鸛鳥，而是一隻鶴，我孝順父母，熱愛工作，你看我的羽毛，也和鸛雀不相同呢！」

農夫回答說：「我相信你的話，但你是和這些如同強盜一樣的鸛雀在一起而被捉到的，所以就應該得到和他們得到一樣的懲罰。」

人生悟語

「近朱者赤，近墨者黑。」與壞人打交道，就很難保持自身的清白。最終和壞人一樣落得可悲的下場。

千萬別和壞人打交道，炭在熱時燙你的手，在冷時，也能弄黑你的手。等有麻煩時，即使跳進黃河也洗不清，有萬張嘴也辯不明白了。

Humanity

東施效顰

一隻烏鴉十分嫉妒渡鳥，因爲渡鳥被人們當做是吉祥的徵兆，人們常以牠的出現與否來判斷未來的吉凶。

有一天，烏鴉看見了幾個正在行進的旅人，就飛到樹上去，朝他們嘎嘎大叫，那幾個旅人奇怪地向牠張望，不知道這是什麼徵兆，最後其中一個人說：「別去管牠，我們繼續趕路吧！因爲烏鴉的叫聲是從沒有什麼徵兆的。」

人生悟語

渡鳥能預示吉凶，所以為人們所尊重，而烏鴉的叫聲只是噪音，沒有任何意義，所以為人們所不齒。東施效顰，結果只能讓人對烏鴉更加的厭惡。

尊重和厭惡是兩種截然不同的感情，其形成並非是空穴來風，而是事出有因，其中的奧妙必須由自已親身去體會。

Humanity

自命不凡的人

兩個朋友一同旅行，他們來到海邊，眺望大海，他們開始爭論起大海究竟有多大。由於意見不一，他們誰也說服不了對方，於是吵了起來。

這時一隻海鷗飛過來，對他們倆人說：「兩個自命不凡的人，爭什麼，大海到底有多大，我比你們更清楚！」

人生悟語

無知並不可怕，可怕的是無知的人偏偏要作出博學多問的樣子，彷彿自己什麼都懂。沒有調查真相，就沒有發言權，許多知識都來自於廣泛而深入的實踐，就像長年生活在海上的海鷗，對大海的情自然瞭如指掌。

至於沒有親身體會，憑空想像而得出的結論，往往是靠不住的，說這種話的人也是如此。

自傲

兩個自吹自擂的女人都認爲自己美若天仙，她倆不期而遇，互不相讓，爲此而吵了起來。

這時女神雅典娜剛好經過，便問她們倆覺得自己長得如何。

其中一個女人說：「現在我們倆都分不清楚誰比較美了，妳又來攪和，誰管妳美不美？」

人生悟語

寓言中的兩個女人目中無人，就連美麗的雅典娜就在眼前，竟然也置之不理，只顧迷戀著自己的美麗

古語說：「三人行，必有我師。」提倡謙虛是有所根據的。人外有人，天外有天，強於自己的人是讓自己學習的好榜樣。若想縮小與別人的差距，彌補自己的不足，就得低下頭向人家學習。

驕傲只能讓你退步，當你覺得自己最美時，可能實際上已經成了最醜的人了。

Humanity

因果報應

父親看見自己的兒子正在費勁地拿著一把小刀削木頭，就問他想做什麼。

兒子回答：「我看見你和媽媽讓爺爺用木碗盛飯吃，所以也想削一個木碗，等你們老了，我也讓你們拿木碗盛飯吃。」

人生悟語

這可真是因果報應，具有很深的諷刺意味。父母如何對待長輩，孩子深受影響，也會跟著學，將來肯定也不會對自己的父母好。

這就是一個言傳身教的道理，自身做不到的事，別指望別人會做到，因為他在以你為榜樣。面對你所做的事，他也會進行模仿。

對於不懂得尊敬長輩的人來說，休想得到別人的孝敬與尊重，這都是他自己所造成的，怨不得別人。

Humanity

打賭

有一回他跟朋友打賭，說神龕是假的，因爲他能證明神的預言不準確。

爲了贏得高額的賭注，他想了一個辦法，手中握著一隻小鳥站在神龕前，對神龕說：「請你猜猜我手裏的東西是活的還是死的？」

神看穿了他的心思，告訴他：「收起你的把戲，這種伎倆只有你才想得出來，無論是死的還是活的，不都是由你來決定了嗎？」

人生悟語

有的人自以為自己最聰明，別人都是傻子，因而總是處心積慮地算計別人，並以而此沾沾自喜。

殊不知守本分的人並非那麼好騙，人家早就看穿了你的陰謀，之所以沒有一開始就揭穿，是因為時機未到罷了。所以奉勸自以為聰明的人不要得意的太早。

Humanity

拒絕利益的誘惑

一群老鼠正準備跳上灶台偷吃鍋裡的肉，結果驚動了睡在灶邊的狗。老鼠要狗不要聲張，牠們可以拿幾塊肉讓狗嘗一嘗。

狗嚴詞拒絕了：「你們都給我滾，要是主人發現肉少了，一定會懷疑是我偷吃的，到那時我就會成爲鍋裏的肉。」

人生悟語

狗的明智、忠於職守令人敬佩，也會讓某些人汗顏。其實，像狗那樣，拒絕誘惑，盡忠職守，實質上也是保護了自己。這份責任感讓人懂得個人的利益其實是和全體的利益緊密聯繫在一起的。

在生活中有多少人為了一點個人私利，不惜勾結外人侵吞公家的財產，實在是監守自盜。到頭來受到懲處，反而害了自己。

Humanity

最佳的候選者

森林王國的獅子大王決定選一個大臣當自己的親信，狐狸和狼成爲最佳的候選者。

狼首先毛遂自薦道：「大王，您的親信一定要非常勇敢才能保護您的安全，在這一點上我可比狐狸厲害得多。」

獅子卻回答道：「你覺得我還需要狼的保護嗎？我需要的是謀略，而狐狸的足智多謀才是我所需要的。」

結果當然是狐狸當了親信大臣。

人生悟語

俗話說：「士為知己者死，女為悅己者容。」善於追求成功的人不但要有本領，而且還要懂得如何發揮自己的本領。也就是說得先清楚自身的特點，再以此為基礎來確定適合發揮自身特長的場所，找到真正欣賞自己，需要自己的環境，這樣才算適得其所，不枉一身的好本事。

Humanity

自做聰明

一頭驢正在吃草，一隻狼悄悄地逼近，要吃掉牠。等驢子發覺時，已經來不及逃跑了，於是牠裝成腳受了傷的樣子。

狼問其原因，牠說：「我在籬笆那裏不小心踩到了一根刺，現在你要吃掉我，恐怕會刺傷了你的喉嚨，所以請你幫幫忙，先替我把刺拔出來吧！」

狼讓驢子抬起蹄子給他看，結果被驢子狠狠地踢了一腳，受了嚴重的傷。

狼後悔不已的說：我真是自作自受，我父親只教我當個屠夫，我怎麼會自做聰明地當起醫生呢？

人生悟語

當遇到問題時，最好用自己最有把握的辦法去解決。千萬不要捨長取短，用自己不懂的方式去做，那會自討苦吃的。

每個人都有自己拿手的本事，正如驢子用牠的蹄子踢狼；每個人也都有自己不在行的事，正如狼替驢子拔刺。

Humanity

反覆無常的僕人

主人的兩頭牛走失了，就吩咐他的僕人出去找。

可是等了半天也不見僕人回來，主人只得出去尋找，看個究竟。

在野地裏，主人看到他的僕人正在那裏像無頭蒼蠅般來回瞎跑，就問他：「你到底在幹什麼？」

僕人回答：「剛才我發現了兩頭鹿，您知道的，鹿茸非常值錢，所以不必找什麼牛了。」

主人說：「那麼你捉到鹿了嗎？」

僕人說：「我去追朝東跑的那頭鹿，誰知牠跑得比我快。不過請放心，我記得朝西的那頭鹿腳有點瘸，所以轉過來再追牠，我相信我會捉到的。」

人生悟語

叫他找牛他去捉鹿，捉東邊那隻時卻惦記著西邊那隻，反覆無常的個性注定這個僕人最終肯定一事無成。

鹿比牛值錢，僕人的話是對的，靈活變通也要過得去，但做得太過分就不行了。

首先做人得要堅持原則，答應人家的事沒做到，卻臨時改變主意去做別的，之後又未等到做出成績便又改了主意，這樣的人一點也不可靠，不管他做什麼也做不成。

Humanity

實話與謊言

有一條狗老了，一天聽說主人要殺了牠，不禁躲在窩裏難過地哭了。

家中的小主人聽到後趕來，安慰牠說：「你別哭了，我告訴爸爸不殺你就是了。」

老狗回答：「謝謝你的好意，你還小，有些事你不懂也不明白，在這個世界上，連大人的話都無法讓我相信了，更何況是一個小孩子的話。」

人生悟語

那隻狗的話聽起來很悲涼。假如真的有那麼一天連孩子的話都不能相信，那這個世界就太可悲了。希望兒童不要隨著年齡的漸漸長大而真心話變得越來越少，因為他們是世界的希望。為人父母者在此方面就應該多注意，讓自己的子女往正直的方向發展。

的確，世界並非看上去那麼簡單，成人的謊言太多，充滿了欺騙。所謂童言無忌，孩子的話應當是最真實的。

Humanity

悔不當初

夜鷹待在靠窗口的籠子裏，到了黃昏之後就開始放聲歌唱。

夜晚出現的蝙蝠有點好奇，問牠爲什麼白天沉默，晚上卻如此活躍。

夜鷹回答：「說來慚愧，因爲以前我在白天唱歌，結果被抓住了，爲了記取這個教訓，現在我一直很小心謹慎，到了晚上才敢放鬆一下。」

蝙蝠說：「原來如此，當初你要是機靈點，就不會被抓了。事到如今，你再小心也只能被關在籠子裡，無濟於事了。」

人生悟語

誰都可能犯下一些或大或小的錯誤，並為此付出代價。後悔自然難免，但卻往往無法挽回，亡羊補牢也來不及了。怪誰呢？只能怨自己當時太疏忽，記取教訓吧！

現實就是這麼無情，一旦成為過去，就成了不可更改的歷史。所以，還是珍惜眼前的機會吧！

Humanity

耐力贏得勝利

有一天，兔子嘲笑烏龜腿短，走路慢吞吞的。

烏龜笑著回答：「雖然你跑起來像一陣風，但如果賽跑我一定會贏你。」

兔子覺得烏龜在吹牛，於是決心和牠比，並請狐狸選定跑道和終點。

同時出發後，烏龜儘管跑得很慢，卻堅定不移地一步一步向終點前進。

兔子自信牠跑得快，毫不將比賽放在心上，跑到中途竟睡起覺來。

等兔子醒來，奮力追向終點，卻發現烏龜已經先到了，正悠閒地休息呢！

人生悟語

生活中的競爭就是一次次的龜兔賽跑，有時順風，有時逆風，你可能先出發，而且跑得很快，障礙很少，這是你的優勢，應好好利用，爭取勝利；相反，你起步晚、實力弱、路坎坷，這些當然不利，但這不能表示說你沒有機會，這些經歷在以後將成為一種戰勝困難的財富。

俗話說：「不怕慢，就怕站」，儘管你很有天分，然而沒有後天磨練的耐力，依舊難以成功。

Humanity

勇敢面對

麻是一種很奇特的植物，把一個小孩給刺傷了，他跑回家對母親說：「我只是輕輕碰了一下，它竟然刺得我這麼痛！」

母親回答：「孩子，正因爲如此，它才會刺疼你，假如你勇敢地一下子握住，就會覺得像握著棉花一樣，一點也不會痛。」

人生悟語

困難像彈簧，你弱它就強，對付麻煩事，就要有快刀斬亂麻的決心和勇氣，果斷出擊。要是優柔寡斷，猶豫不決，就是再小的麻煩也將讓你頭疼。

遇弱則強，以柔克剛，這種辯證關係需要靈活的應變能力，否則軟對軟、硬碰硬，就太不明智了。

Humanity

錯誤的判斷

天空中飄蕩著幾隻五顏六色的紙鳶，鴿子們看了很害怕，不敢出去飛。於是向老鷹求助，請牠來當保鏢。

然而老鷹進入鴿子棚後，災難發生了。短短的一天之內，老鷹咬食了許多鴿子。這時牠們才知道，紙鳶雖然看起來可怕，卻不會傷害牠們。

人生悟語

老鷹是一種力量的代表，靠牠保護，的確能達到保護的作用。然而這種力量也是一把雙刃劍，幫助自己時也可能傷害自己。

鴿子害怕紙鳶（也就是風箏），未免太膽小，也太沒見識，向老鷹求助反惹禍患。千萬要注意，切莫為了躲避狼口而躲進虎穴，那將更加危險。

自立自強才是最重要的，外力都是不值得完全依賴的。

Humanity

見機行事

颶風過後，一棵棵的橡樹被連根拔起，飛過了小溪，最終掉在蘆葦草叢中。倒在蘆葦腳下的橡樹奇怪地問：「我真不明白，像你們這麼細弱的身體，怎麼不怕狂風呢？我都被打敗了，你們卻安然無恙。」

蘆葦回答：「你和颶風硬碰硬，所以被吹倒了，而我們當風吹起時，就彎下了身子，所以避免了被摧折的命運。」

人生悟語

誰都知道一株橡樹要比一枝蘆葦強壯上千倍，可是狂風過後的結果卻令人意外，大樹或斷或倒，小小的蘆葦卻毫髮無傷，實在奇怪。

其原因就在牠們的性格特徵不同。

橡樹和蘆葦代表了兩種性格，橡樹剛強不屈，寧折不彎；蘆葦生性柔弱，隨波逐流，因勢力導，保全自己。

這給我們留下了解決困難問題的寶貴啟示：一是堅強，遇強更強，這樣才能壓倒困難；二，如果是複雜困難的問題，就要見機行事，採取以柔克剛的方式，在逆境中求得生存。

人才還是庸才

一個富翁在市場上買了一隻天鵝和一隻家鵝回家，買天鵝是想聽牠唱歌，買家鵝則是爲了吃牠的肉。

夜裏，廚師準備殺家鵝吃肉前去抓鵝，因爲天黑無法分辨，廚師誤抓了天鵝以爲是家鵝。

天鵝嚇得大叫，唱出優美的歌聲，廚師聽了知道自己弄錯了，而天鵝也因此而獲救。

人生悟語

天鵝與家鵝的樣子差不多，平時混雜在一處，不太容易分辨，可當天鵝一叫，誰高誰低，自然分曉。人們也是這樣，人才與庸才混雜一處，平時看不出高下，可是到了關鍵時刻，就會顯出人才的本領。

「是金子早晚都會發光的。」看來擁有一技之長是大有用處的，尤其是在求職找工作競爭異常激烈的今天，就更具有優勢了。

Humanity

等待

一隻烏鴉站在一顆無花果樹上。

牠餓極了，但樹上的果實還沒熟。於是，牠就等著，希望這些趕快成熟。

一隻狐狸看見了牠，知道原因後，對牠說：「這不是在欺騙自己嗎？」一味沉浸於自己的幻想之中，結果只能一無所有！」

人生悟語

烏鴉停在樹上等果實成熟，但果實成熟需要很長一段時間，烏鴉不僅可能因此失去很多獲取食物的機會，而且還可能在果實成熟之前餓死。

一味地等待和幻想最終將是一事無成。要知道，不小步一小步地挪動也比站在原地強，關鍵是在於行動。

Humanity

考驗

一隻貓愛上一個英俊的青年，請求愛神把牠變成一個美麗的女子。

愛神答應了牠的要求，並使那個青年對她一見鐘情，把她帶回去做了新娘。

新婚之夜，愛神想考驗一下貓，是否已經改掉了牠的習性，於是在房間裏放了一隻老鼠，這隻貓竟然忘了自己新娘的身分，從床上跳下來，去追殺老鼠。

愛神覺得很失望，又把貓恢復了原來的樣子。

人生悟語

如果生活的際遇迫使你不得不變換另外一個角色，那麼你就得及時調整自己去與過去決裂的勇氣。畢竟，得到的同時也將伴隨著某種事物的失去。

「江山易改，本性難移」，改變外表容易，改變本性卻很難。

Humanity

不同的人生觀

烏鴉站在樹梢上，看見天鵝從上空飛過，便對牠說：「老兄，我看你整天忙忙碌碌，飛來飛去的，這樣未免太累了吧！」

天鵝回答道：「對於樹立了遠大目標的天鵝來說，這根本算不上辛苦，所以我渾身有使用不完的力氣，而且我的翅膀也比你們烏鴉結實有力得多。

人生悟語

烏鴉與天鵝，代表了兩種不同的人生。前者平平凡凡，安於現狀，對生活沒有過高的要求，因此顯得庸庸碌碌；後者理想遠大，對未來的打算很長遠，同時以一套強大的實力作後盾來幫助自己實現目標。

至於烏鴉沒有這種境界，自然就無法理解「鴻鵠之志」了。因為有不懈的追求，因而過得充實，所以不會覺得累。

Humanity

三分鐘的熱度

有一回烏鴉飛到地面上，對野草說：「我想忘掉過去，洗心革面，從此以你爲食，可以嗎？」

野草並不反對，說：「我沒有意見，只要你有毅力就行。」

烏鴉吃了幾天草就忍不了，只好拍拍翅膀飛走了。

人生悟語

吃得苦中苦，方為人上人。大概烏鴉也聽說了這句話，於是也想試一試。

可是三分鐘熱度過後，就忍受不住，半途而廢了。凡是成功的人士大都具備兩種素質，一是肯吃苦，二是耐得住寂寞。若非如此，又怎能厚積而薄發呢？

Humanity

有謀無勇

一群兔子生活在森林裏，牠們因爲不堪百獸之王的欺壓，決定向獅子宣戰。於是全副武裝，浩浩蕩蕩地往森林出發。

忽然，一陣狂風吹過，樹葉紛紛掉落在兔子的身上。牠們以爲獅子發威，大發雷霆，故意把樹葉都吹下來，結果嚇得落荒而逃，再也不敢找獅子算帳了。

人生悟語

這群兔子屬於有那份心沒那份膽，對辦不到的事心存幻想，結果讓自己處於尷尬的境地。

說來說去，都是因為缺乏勇氣的緣故。

其實沒有足夠的勇氣也不要緊，只要能老老實實地守本分，不去想那些徒增煩惱的事，日子也會過得很快樂的。

若對某些事情耿耿於懷，就得多訓練自己，培養勇往直前，義無反顧的勇氣。

Humanity

目的不同

有一次狩獵中，獵狗追趕著一隻野兔。牠跑了半天也沒有結果，獵狗便停下來放棄了。

牧童見獵捕獵狗失敗，就嘲笑牠說：「你比野兔大得多，卻是小的跑得快。」

獵狗忙著解釋道：「那是因爲我們奔跑的目的不同，我只是爲了飽餐一頓，而兔子卻是爲了活命。」

人生悟語

相同的行為，當放在不同的時空背景之中時，結果也不盡相同。

有的人衣食無憂，也就不忙著賺錢，很可能一生平靜無事；如果他債臺高築，或者需要很多錢支付一切所需要，那麼他很可能因此而拼命工作，成為富翁。

適度的壓力經常能夠變成一個人前進的動力，而沒有壓力的人反而停滯不前。

Humanity

致富的速度

有人用木頭雕了一尊財神像，拿到街上去賣，可是沒人理會他。

那人為了吸引大家，就叫賣道：「快來買啊！我這裡有財神要賣，它能給你帶來財運，還能幫你累積財富，這麼好的機會千萬不要錯過！」

一路人聽到後對他說：「朋友，如果你所說的都是真的，你又何必要賣呢？自己留著不是更好嗎？」

他回答：「我需要的是馬上看得到的財富，而它帶給人的財富，卻必須慢慢的累積。」

人生悟語

賣財神的人言行有些矛盾，他說財神像能帶給人財富，自己卻不要牠，所以誰還相信他的話呢？正如那人說的，賣財神就是他的謀生方式。

如果真的鬼迷心竅，以為認真地求神拜佛就能發財，遲早會窮得餓死的。

真正的財神其實是人自己，一切財富的實現都得靠自己的努力。

Humanity

空談

有個小孩在河中嬉水，不小心被捲進漩渦。就在快要沉沒時。看見有人經過，小孩趕忙大聲呼救，可是路人並不急於救人，而是站在那裏責怪孩子太不小心。

孩子急得說：「先生，你還是先救我的命再說，以後再罵我也不遲啊！」

人生悟語

在別人危急的關頭上，他要的是你的付諸行動，而絕非空談。如果你真的要幫助別人，那麼就要立刻行動，救人要緊，若光說不做，反而會害了他。不知輕重緩急的人，絕對不可能是聰明人，因為道理誰都會講，關鍵是能否化為實際行動。

Humanity

本性

一個瞎子能憑藉手的觸覺來分辨出各種動物。

有人爲了要確認他是否真有本事，就抱來了一隻剛出生的小狼，讓他摸摸看，瞎子摸了一會兒，不敢肯定，於是說：「我不能準確地斷定這是一隻小狼，還是一隻小狐狸，不過有一件事我很清楚，如果把牠放到羊圈裏，羊群早晚會遭殃的。」

人生悟語

瞎子不能像正常人那樣看清事物的外表，但他卻能憑藉著自己的經驗以及判斷，深刻洞析事物的本質，是狼也好，狐狸也罷，牠們從小就有著凶殘的天性。動物的那些或凶或善的本性是與生俱來的，別看牠在幼年時很可愛，但長大後就會慢慢地顯露出來。

不過人與動物不同，許多性格因素都是後天形成的，所以從小注重對他們的教育，是很重要的，千萬不要成了真正的瞎子，對孩子的種種傾向視而不見。

Humanity

現實的代價

騎兵與戰馬，在戰場上一同出生入死，那個時候，因爲打仗，騎兵很重視他的馬，每天準備充足的草料，精心飼養，把馬視爲自己的救星。

戰爭結束後，騎兵開始虐待戰馬，只給牠吃糠，讓牠馱木材、拉磨、耕田，十分勞苦。

後來戰爭又爆發了，騎兵又騎馬去打仗，可是馬已經體力不支，累倒在地上。

牠對主人說：「平時你那樣對待我，讓我漸漸衰弱成了驢子，現在怎麼可能讓我一下子從驢子恢復到戰馬的水準呢？你還是用走的去打仗吧！別無選擇了。」

人生悟語

需要別人時，就對人好，一旦沒有了利用價值，就棄之不理，這種人的人品實在不高。

「平時不燒香，臨時抱佛腳。」這種行為無異於過河拆橋，不給自己留退路，真是自討苦吃。

對待朋友與部屬，萬萬不能這樣做，否則以後將沒人會替你出力，因為你是一個非常刻薄、自私的人。

Humanity

害人害己

一隻陸上的老鼠跟生活在水中的青蛙做了朋友。

有一天青蛙存心不良，想害牠的朋友，於是邀請老鼠一同出遊，並且將牠們倆的腳緊緊地綁在一起。

一開始，青蛙先帶著老鼠在牠們平覓食的草地上玩，然後見老鼠沒什麼防備就慢慢引誘牠下水，到池塘裏去。

到了水池邊，青蛙突然跳下水中，將老鼠也拖下去。青蛙見陰謀得逞，十分得意，一邊游著水，一邊呱呱叫。

老鼠掙扎了一陣子後溺水而死，屍體浮在水面上，一隻覓食的老鷹在空中發現了水面上的老鼠，就撲下來抓起老鼠，飛上天空。

那隻害人的青蛙因爲腳還和老鼠綁在一起，結果被一併抓去，也被老鷹吃掉了。

人生悟語

青蛙沒有料到，害人的代價，竟然是賠上了自己的性命，這是牠沒有料想到的結果。

人也是如此，害人之心一起，往往失去理智，顧不了許多，先下手再說。這樣不計後果的做法，常會留下後患，自己做的壞事成為自己的沉重負擔，擺脫不掉。

多行不義必自斃，害人必會害己，所以倒不如光明正大的做人，不要存有害人之心。

Humanity

錯誤結盟

爲了能夠更容易捕獲食物，野驢和獅子締結了互助條約，野驢跑得快，獅子有力量，二者結合在一起共同發揮作用。

果然，牠們很快就捕到一份肥美的食物，由獅子來分配食物。牠將食物分成三份，說：「我拿第一份，因爲我是百獸之王；第二份也應歸我，因爲這是我們合作我所應得的，至於第三份嘛！我們可以公平競爭，不過你要是不趕緊滾開，把食物讓給我，你恐怕就要大禍臨頭，成爲我的第四份食物了。」

人生悟語

野驢的選擇有牠自己的道理，獅子擁很強的實力，與牠合作自然實力大增，有好處可撈。

依賴強權獲利並非安全之策，因為雙方實力相差懸殊，根本無平等可言，你很可能成為被人利用的一方，結果吃了虧也是敢怒不敢言而已。

Humanity

求助

有一隻鷲得了重病，快要死了，牠安慰母親說：「您別難過，我立刻祈求神明保佑，也許會延長我的生命。」

牠的母親卻不這麼認為的說：「唉！孩子，每一位神明你都得罪過，有誰還會可憐你呢？難道你忘了，你總是去祭壇偷人們獻給神明的祭品。」

人生悟語

那隻鷲，平時對神不尊敬，危難之時還指望神明保祐，未免可笑了。善有善報，惡有惡報，平時到處樹敵、得罪人，哪能在需要幫助的時候，就得到幫助呢？

所以平時不要輕易得罪人，累積一些善緣，這倒不是要他人給你多少好處，而是希望在危難之時能得到幫助，至少他們即使袖手旁觀，也不至於會落井下石。

令人生厭的妻子

有個男子對他的妻子的言行感到不滿，包括全家人都不喜歡她。

丈夫想知道妻子在自己的娘家是否也同樣不受人歡迎，就找了個藉口，讓她回娘家探親。

等妻子幾天後回來時，丈夫問她這幾天過得怎樣，是否愉快，僕人們是否尊重她等問題。

妻子說：「別提了，那些放牛放羊的人，居然討厭我。」

丈夫馬上接著說：「放牛放羊的人早出晚歸，根本沒多少時間跟妳見面，連他們都討厭妳，那麼那些整天和妳朝夕相處的人對妳如何，就可想而知了。」

人生悟語

如果一個人像故事中的妻子那樣，就可悲了。

所以要認識一個人，從他本人那裏入手固然可以，但從別人那裏側面瞭解更為真實。

而且在觀察方法上，不妨多觀注一些細節，這些微小之處能告訴你很多東西。每個人都是一面鏡子，從他們那裏所得到的反應，就可以看出一個人的人品和素養。

Humanity

現世報

獅子老了，又得了重病，躺在路邊奄奄一息。

不幸的是，野豬發現了牠，就衝上來咬獅子，以報舊仇；獅子的敵人野牛也來了，用牛角狠狠地頂牠。

更倒霉的是，一頭驢子見獅子毫無還手之力，也上前去用蹄子踢牠的前額。

獅子在死前慨嘆道：「野豬、野牛這些強敵來欺負我也就罷了，現在居然還得受到驢子的侮辱，真是太可悲了！」

人生悟語

「虎落平陽被犬欺」。這正是獅子年老體病時的真實處境，真是英雄末路！不過這也許是報應，平時牠倚強凌弱，弱小者敢怒而不敢言，但卻在心中積下深深的宿怨，於是等待機會來臨時就會趁機報復。

從另一個角度來看，野豬、驢子這些動物趁人之危、落井下石也是不對的，因此要多提防你身邊的這種小人！

Humanity

口是心非

有隻狐狸被獵狗追得走投無路，跑到正在砍柴的樵夫身邊，便請求樵夫幫忙替牠找個安全的地方躲起來。樵夫讓狐狸藏在自己家裏的茅屋裏，狐狸便聽他的話爬了進去，藏在屋子的角落裏。

過了一會，獵人帶著獵狗追了上來，找不到狐狸，就向樵夫打聽。

樵夫嘴上說沒看見，手卻指著自己的茅屋向獵人暗示。獵人相信他的話，以爲真的沒看見，就往別處追去了。

狐狸從屋中出來，也不向樵夫道謝就走了，樵夫很不滿，大罵狐狸忘恩負義，沒有良心。

狐狸回頭對他說：「這能怪我嗎？你應該好好想想你自己，如果你能言行一致，手勢不違背自己的語言，我真的會衷心地感謝你。可是現在休想！」

人生悟語

難怪狐狸不領情，那位夫農夫表裡不一，表面上幫忙，暗地裏卻出賣牠。

樵夫這樣的人值得研究，在獵人與狐狸之間他誰也不想得罪。既幫助狐狸，又暗示獵人，可是這麼做等於是得罪了雙方，狐狸和獵人都受了欺騙，因而不會感激他，反而會恨他。

以出賣別人的方式來幫助別人，是不會受人歡迎的。

Humanity

死要面子

有一個富有家庭舉行一次盛大的宴會，許多親朋好友應邀參加宴會。主人的狗以爲機會難得，便邀請牠的朋友——另一條狗也來捧場。

牠說：「我們家舉行宴會，有很多好吃的東西，如果你來，肯定會享之不盡。」

這條狗應邀前來，看到大廳裏盛大的場面，不禁高興地說：「太好了，這樣的機會真是千載難逢，如果我能在這裡飽餐一頓，就可以三天不吃東西。」

狗高興得搖頭晃腦，想進去赴宴。不料廚師發現了狗，很討厭牠，便上前抓住牠，把牠重重地往屋外的地上一扔。

狗一跛一跛地逃走，悲哀地叫著。街上其他的狗聽到叫聲，都圍攏過來打探究竟，問牠吃得怎樣。

那狗撒謊說：「太棒了，我喝多了酒，什麼也記不得了，也記不得是怎麼出來的，你們看，我現在身子還在搖搖晃晃的呢！」

人生悟語

有的人經常出現在名人聚餐的地方，甚至比名人更頻繁地露面、曝光，高談闊論，自以為沾了名人的光，所以自己成了名人。其實，在別人的眼裏，他不過是在名人身邊繞來繞去的一個小丑罷了，誰也不會看得起他。

物以類聚，人以群分，還是守本分的好，何必貪慕虛榮非要擠進本不屬於自己的群體之中呢？

Humanity

選擇

從前，有個人去市場買驢子，他和賣主商量，買之前要先試用一下。

他牽了一頭驢子回家把牠和其他的驢子放在一起，過了不久，他發現這頭驢子撇下其他的夥伴和其中最懶惰的一頭待在一起。於是，他把這頭驢子還給了賣主。

賣主非常好奇地問：「你是怎麼試牠的呢？怎麼決定不買了呢？」

這個人回答道：「在所有驢子中，牠選擇了最懶的一頭爲伴，那麼牠一定也差不了多少。」

人生悟語

能成為朋友大多是因為惺惺相惜，或是臭味相投，總之彼此間相互影響，也就是「近朱者赤，近墨者黑」，大家都差不多。瞭解一個人可以從他週遭的朋友瞭解起。

Humanity

報應

老鷹和狐狸是鄰居，狐狸和牠的孩子們在高高的樹枝上做了巢。狐狸和牠的孩子在矮樹叢裏安了家。

有一天，狐狸不在家，老鷹就把小狐狸捉去讓小鷹吃了。

狐狸回來後知道了這件事，想要報復，卻沒有能力。

又有一天，老鷹去祭壇偷了一塊肉回家，沒料到這肉上還沾著火星，樹高風大，火一下燒起來，不一會兒，小鷹就紛紛掉下樹來摔死了，於是狐狸輕而易舉地就把小鷹們吃掉了。

人生悟語

鷹和狐狸是鄰居，本應該互相照顧和幫助，而鷹卻趁狐狸不在，偷吃了牠的孩子，這是極不仁義的行為。鷹最後因偷吃肉而燒死了自己的孩子，這事雖然偶然但想想鷹的下場是必然的。

要知道人在河邊走，怎會不濕鞋呢？一個人如果長期做惡，早晚會受到懲罰的。

Humanity

鬥智

狗和公雞既是朋友又是鄰居。雞把窩搭在樹枝上，狗把家安在樹洞裏。

一隻飢餓的狐狸來到樹下，看見公雞，口水直流。他假惺惺地對公雞說：「快下來吧！我願意和你做朋友。」

公雞早就明白了他的意圖，便說：「我也願意和你做朋友，不過你得先敲開樹洞門，我的管家會帶你到我這裏。」

狐狸連忙去敲門，狗打開門一口咬死了狐狸。

人生悟語

雞站在高處可以發現危險，狗守在路面可以保護雞的安全，牠們聯合起來，使敵人無機可乘，這可是互助聯防的典範。

利用別人的長處來彌補自己的不足，這種做法值得借鏡。

Humanity

無能為力

一隻狐狸爬上了籬笆，一不小心，險些栽下去。幸好牠及時地抓住了一根荊棘，但荊棘卻刺破了牠的手掌。

於是，狐狸對荊棘抱怨道：「我誠心向你求助，你待我卻比籬笆還可惡」。

荊棘回答道：「我靠依附籬笆來生存，而你不看看我的樣子就來抓我，真是太衝動了。」

人生悟語

在危難時，即使求助也要保持清醒的頭腦。

向小人求助，不僅得不到他的幫助反而會受到他的愚弄和嘲笑；向沒有能力幫助你的人求助，他都自顧不暇了，當然沒有餘力幫助你，而你則白白浪費了時間，還可能會貽誤時機，造成危險的後果。

Humanity

欺善怕惡

一隻烏鴉站在一隻羊的背上，指使羊走幾圈給牠看，羊被迫這樣做了。最後羊憤憤不平地對烏鴉說：「如果你也這樣對待一隻狗，恐怕你早已從牠鋒利的牙齒中得到應有的報應了。」

烏鴉聽了哈哈大笑，回答說：「我才不會那麼愚蠢，欺侮弱者，向強者諂媚討好，才是我可以活得這麼久的原因啊！」

人生悟語

烏鴉的生存之道，在現實生活中很容易就會被發現。

生活中扮演著多種角色，根據不同環境的變化變換各種嘴臉，可能會讓他們越來越適應這個社會，越來越適合生存，但這也不能不說是一種悲哀。

有的人欺善怕惡，有的人欺下媚上，還有的人恃強凌弱，他們的生存方式，講好聽點可以說是圓滑，講難聽一點，可以說是狡滑，這樣他們就可以長久保持自己的財產、地位等各種利益。

Humanity

爭寵

花瓶與鼓是一對搭檔，可是對同伴不太滿意，就告誡大鼓說：「你這個傢伙太喜歡表現自己了，整天咚咚咚地敲個不停，以此來引起大家的注意。其實，人們最看重的應該是我。」

鼓說：「也許你說得有道理，不過，要不是我把觀眾吸引過來，誰會看見你呢？」

人生悟語

對於自己不擅長的事，應當禮讓給其他適合的人去做，像花瓶那樣一味地嫉妒大鼓是沒有道理的。

畢竟他人的行為對你是有益無害的，你還有什麼理由來反對呢？如果不及時悔改，一昧放任下去，就會失去所有人的幫助，變得孤立無援，那就慘了。

每個人都有各自不同的優點，牠決定了他們生活中扮演的角色，發揮的作用也不盡相同。

Humanity

角色

一次有客人到訪，家中的小僕人聰明伶俐，與客人談得甚為投機，結果冷落了主人。

客人走後，主人生氣地擺起了當主人的架子，訓斥小僕人：「你太放肆了，也不想想自己的身分，你今天要是不把剛才說的那些話收回來，我決不輕饒你。」

小僕人說：「要是你能把潑出去的水收回來，那我就把說過的話收回去，怎麼樣？」

人生悟語

故事中的小僕人，犯了一個不該犯的錯，他在主人面前太鋒芒畢露，耍小聰明，難怪主人不滿意。假如你在上司面前誇誇其談，目無尊長，自以為了不起，上司就會很討厭你，一不小心你就會被炒魷魚。

說出口的話好比潑出去的水，是不可能收回來的，所以後悔也沒用，想要換回恐怕也太難。所以要避免免這種情況的發生，就要做好事前的準備，以防止下次再犯。

Humanity

公平分配方法

獅子、狐狸和驢子達成了一項三方協定，約定一起合作來找食物。在牠們的共同努力之下，在森林獵取了許多食物之後到洞裏分配。獅子讓驢子分食物，驢子很公平地將所得分成三等份，並很禮貌地請獅子、狐狸先拿。不料獅子大怒十分不滿，竟把驢子吃掉了。

獅子又讓狐狸分食物，狐狸將獵物的絕大部分都讓給獅子，只留給自己很少一部分。

獅子滿意地說：「這才是我的朋友，你分得很公平，是誰教你的分配方法？」

狐狸回答：「我看見驢子的命運，馬上受到了啓發。」

人生悟語

與獅子這樣霸道的強者合作，下場有兩種，一是要求公平，結果一無所得，反受其害；二是委曲求全，隱退忍讓，像狐狸那樣圓滑。

獅子、狐狸與驢子的結合如同三家實力各異的股東合作，想要平分利益是很困難的，因為實力最強的大股東一定會要求享有最多的利潤，這就是所謂的「獅子大張口」。

Humanity

自不量力

一頭牛被獅子追趕，逃進一個山洞。洞中曾經住過一個牧人，他們走後留下了一隻山羊。山羊見牛進來，就用角頂牠。牛容忍地對山羊說：「現在你可以隨便地欺負我，我可不是怕你，而是因爲洞外有獅子。等獅子走了，我就會讓你知道，牛和羊究竟誰的力氣大。」

人生悟語

故事中的羊犯下了三個錯誤：

第一，別人落難牠落井下石，行徑可恥。

第二，牠的實力遠不如牛，還去挑釁，未免太不自量力。

第三，不識大體，獅子就在洞外，還敢輕舉妄動，很容易招來殺身之禍，太不明智了。

Humanity

得意忘形的悲哀

一隻蚊子衝著獅子嗡嗡地叫著說：「別看你貌似強壯，我可是一點也不怕你，你不見得比我厲害。你的那幾招，用爪子抓，用牙齒咬，這和女人打架有什麼區別呢？我身體雖小，卻比你強多了。不服氣的話，咱們可以較量較量。」

之後蚊子就撲在獅子臉上沒毛的地方猛叮。獅子想壓死蚊子，滿地打滾，但沒有用；牠又用爪子拍蚊子，卻抓傷了自己的臉，疼得直吼叫。

蚊子唱著凱旋歌飛走，卻黏在蜘蛛網上，被蜘蛛吃掉。牠悲哀地說：「真是太不幸了，我能戰勝威猛的獅子，卻敗給了小小的蜘蛛。」

人生悟語

人們各有所長，本領各異，就像獅子、蚊子和蜘蛛一樣，所以分出優劣高下是正常的。但拿自己的長處跟別人的短處比，取得勝利，就以為自己什麼都比人家強，未免太狹隘，有以偏概全的嫌疑。

正因為各有所長，才會有「一物剋一物」之說。在為自己的一技之長而沾沾自喜的同時，還不如多學習別人的長處，以彌補自己的不足。

一念之間

命運賜予我們不同的角色，如果我們只是不重要的小角色，與其怨天尤人，不如全力以赴。只要你毫不鬆懈地認真對待，再小的角色也有可能變成主角。

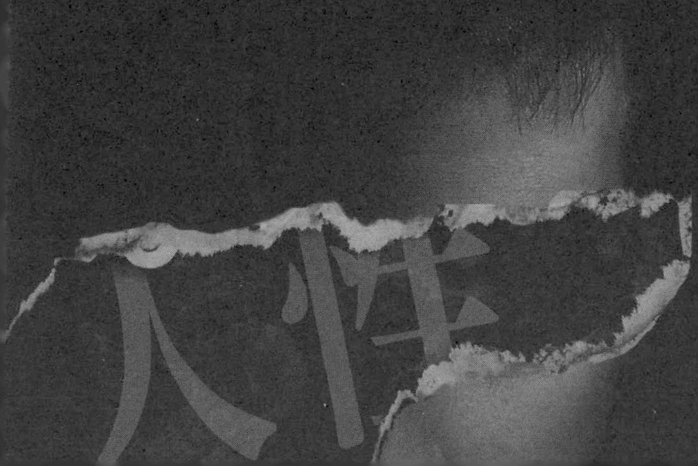

原來如此

有人養了兩隻鬥雞，並將牠們關在一起。一天，他又買了一隻馴服的鷓鴣，帶回家和鬥雞養在一起。

鷓鴣一進禽場，就受到兩隻鬥雞的欺侮，牠很憂愁，以為這是鬥雞欺生的緣故。但是後來，鷓鴣發現鬥雞原來天天如此，彼此之間常常鬥來鬥去，而且非分出勝敗才能作罷。

鷓鴣這才明白，放下心來，說：「原來如此，鬥雞彼此間都是這麼爭鬥，那麼牠們對我這樣也就不奇怪，所以我也不必為此而苦惱了。」

人生悟語

這種心態的調整絕對有助於適應環境，人在群體中要試著去瞭解別人，對個性不好的人懷著寬容的態度，相信你會生活得輕鬆一些。當然這也是有個尺度，過份的容忍會縱容對方，不卑不亢才是最正確的方法。

有人說生氣就是用別人的錯誤來懲罰自己，何苦如此折磨自己呢？他對你苛刻，本是他的缺點，你若為此耿耿於懷，斤斤計較，豈不是和他一樣了。

Humanity

多管閒事

一隻蒼蠅停在一輛車的車軸上，對著拉車的驢喊道：「你這傢伙慢吞吞的，再不走快點，我就要教訓你了。」

拉車的驢子回敬道：「你算老幾！要知道，我真正在意的是坐在車上的人，他揮鞭子我就加快走，他拉韁繩我就轉彎。至於你，還是少管閒事，我自己知道什麼時候該快，什麼時候該慢。」

人生悟語

那些喜歡在別人面前比手劃腳的人，往往是庸俗無知的，他們的真本領全都在嘴上，只會不負責任地評頭論足，毫無價值可言。

想評價他人，自己就得具備以下資格：自己有較高的聲望和地位；對此項內行，是這方面的權威；或者是「過來人」，對此有切身的感受與體驗。

利益交換

黃蜂與鷓鴣因爲口渴得很，就找農夫要水喝，並答應付給農夫豐富的回報。鷓鴣向農夫許諾牠可以替葡萄樹鬆土，讓葡萄長得更好，結出更多果實；黃蜂則表示牠能替農夫看葡萄園，一旦有人來偷，牠就用毒針去刺。

農夫並不感興趣，就對牠們說：「我有兩頭牛，牠們什麼要求也沒有，卻能替我做你們說的這些工作。所以對我來說，與其把水給你們喝，還不如送給我的牛喝。」

人生悟語

黃蜂、鷓鴣與牛代表了截然相反的兩種人，前者較為自私，先索取，之後才會付出；而後者大公無私，任勞任怨，付出時從不計較索取的事。兩者相比較，自然是後者更受歡迎了。也許故事中沒有那兩頭不計索取的牛，結果會不一樣，但畢竟，黃蜂與鷓鴣的所作所為不能讓人放心。

平時不與人方便，等到有求於人時，再提出替人出力，未免太遲了。

Humanity

自誇

人和獅子一同在森林中旅行，他們邊走邊誇耀各自的勇敢和力量。當他們爭得正激烈的時候，他們經過了一座人制服獅子的雕像前，人馬上為自己找到了有力的論據，指著那裏說：「看，這就是人最強壯的有力的證據，獅子是甘拜下風的。」

獅子反駁：「這不過是你們人類一廂情願的作品，如果我們獅子也會雕像，一定會雕出獅子把人踩在爪下的情景來。」

人生悟語

人有智慧，獅子有力量，這是他們各自的優點，然而他們都是從「我」出發，以為自己的評價標準是唯一的，並由此來否定對方，於是片面性就不可避免地發生了。拿寓言來說，倘若人能了解獅子有百獸不能及的勇猛，獅子也能了解人有萬物不能及的智慧，那麼就不會有雕像之辯了，可是偏執的人偏偏就是這麼固執。

許多爭執就是如此，公說公有理，婆說婆有理，各執一詞，從不肯替對方想想。顯然，這樣做對雙方都沒有好處，只能令雙方更加自大、偏激而已。其實兩個各有所長的人遇到一起，正是雙方相互學習、取長補短的好機會，白白錯過，實在可惜。

Humanity

異想天開

有一隻烏龜在沙灘上曬太陽，向停在一旁覓食的海鷗抱怨，自己不會飛，要是誰能教牠飛該有多好。

這時有隻老鷹飛過，便問烏龜：「如果我帶你到天上飛，有什麼報酬呢？」

烏龜趕忙許願：「我願意給你海裏的一切寶藏。」

老鷹答應了，於是抓起烏龜飛向高空，之後將爪子一鬆，烏龜就摔在石子上，龜殼應聲粉碎。

烏龜臨死前嘆息道：「在地面上行動已經很不容易了，怎麼還妄想飛翔呢？真是報應啊！」

人生悟語

還沒學會走路，就想跑，這就是烏龜的錯誤，行動遲緩的牠竟然妄想飛翔。

如果說這是烏龜的理想，自然無可厚非，問題是這種願望根本無法實現。因為沒有那種客觀的條件，單憑主觀臆想最終只能成空。

理想與夢想是有著本質上的區別的，儘管兩者都是一種想要實現的願望。前者有客觀的依據，具有可能性與合理性；而夢想過於虛幻，不切實際，就會像肥皂泡沫一樣，儘管美麗但容易破滅。

理想推動人進步，而夢想常常拖住你前進的腳步，所以樹立目標的時候，千萬要摒棄那些不切實際的空想！

Humanity

致命的美麗

有一株石榴樹爲了比較誰更美麗的問題與一株蘋果樹爭個不休，誰也不服誰。

正當它們吵得很激烈的時候，旁邊籬笆上的荊棘說話了：「朋友們，在我面前爭論這些，你們不覺得無聊嗎？」

人生悟語

荊棘渾身是刺，樣子自然不好看，就是這種不引人注意的外表才使得它保全了自己，對它來說：「美麗」不僅沒有用處，而且是危險的、致命的。所以荊棘決不會拿它一身醜陋的刺去換取美麗的花果。

石榴好看、蘋果美麗，正因如此，才被人採摘，受到傷害。有些人外表光鮮亮麗，內在所受的苦卻只有自己知曉，所以鋒芒畢露最易遭忌，驕狂炫耀是不會有好結果的，沒必要和人爭這些無聊的東西。

Humanity

安逸的代價

一隻小牛與老牛，命運迥然不同。老牛整天拖著犁，忙著耕地，悠閒的小牛爲此十分可憐牠。

到了秋天，主人讓老牛休息，卻把小牛捆起來，帶到祭壇，殺了祭神。見此情景，老牛才對小牛說：「這回你該明白自己爲什麼能夠平時吃飽飽的，卻不用工作的原因了吧！那是因爲你離死期不遠，要做犧牲品了。」

人生悟語

在工作中，如果你做的是閒差，別以為輕鬆了就洋洋得意，這很危險。因為在激烈的競爭中，優勝劣汰，沒人願意白養吃飽的你，誰都想要僱用到一個真正能做事的人，所以無所事事的人很可能就是第一個被裁員解雇炒魷魚的人！

認真工作的人是美麗的。能吃苦耐勞，勤奮肯做，貢獻出自己的才華，才有資格接受回報，享受幸福。沒有代價的安逸未必真的是幸福。別人讓你享福，總是有原因的，可能會有求於你，或者是對你不利。

Humanity

難

有個老人有兩個女兒，一個嫁給了左鄰的園丁，另一個成了右鄰磚瓦匠的妻子。

有一天父親去看自己的女兒，想了解她們的近況。

園丁的妻子說：「一切都很好，只是希望能下一場大雨，讓我家的花草得到滋潤，我們就可以省點力氣了。」

父親又去看另一個女兒，磚瓦匠的妻子說：「我也不缺什麼，唯一希望的就是天氣可以一直晴朗乾燥，陽光明媚，這樣，我們家的磚坯就容易曬乾了。」

老人聽罷，感嘆地說：「妳們姐妹兩個，一個希望下雨，一個要求晴天，我要怎麼做才能讓妳們兩個都滿意呢？」

人生悟語

兩個女兒因為生活環境不同，因此不同的立場產生了截然相反的希望，正所謂眾口難調。看起來這樣的矛盾很難調合，因為各方都有充分的理由，聽起來也都很有道理。不過也不是說這樣的難題無法解決，只要從大局著眼，進行宏觀調節，彼此相互理解，相互退讓一些，做一點犧牲。例如一天大雨，出三天太陽，那麼不就解決了嗎？寬容一些，對誰都有好處。

Humanity

回味

老婦人在家中收拾東西，在舊物中找到一只空瓶，瓶子裏曾經裝過最好的酒，所以還殘留著濃鬱的酒香。

老婦人拿過瓶子嗅著酒香，愛不釋手地說：「這酒的氣味好香啊！雖然已經沒有酒了，但還是留下了這麼甜美的香味。」

人生悟語

對於給社會、給他人做出貢獻，對人和善有愛心的人，都會給人留下美好的印象。

於是人們懷念他，懷念他所留下的一切，對於給他人造成傷害，行為不端的人，也會使人憎惡，而且這種憎惡的情緒，也不會輕易消失，將會長久地持續下去。

人過留名，雁過留聲，每個人一輩子的言行，都會留下一些或多或少的影響。有人流芳千古，有人遺臭萬年。

Humanity

交換後的快樂

獵人帶著獵狗從野外打獵回來，半路碰見一個漁夫，背著滿滿一籃子的魚，正要回家。

獵人看上了漁夫的魚，漁夫也喜歡獵人的野味，於是他們商量著把各自一天的收獲彼此交換。交換之後，兩人都很滿意，並且希望以後天天這樣交換。

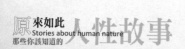

於是有人勸告他們：「要是以後天天都這麼交換，很快你們就會喪失交換的樂趣，感覺乏味，並且希望保留自己所收獲的這些東西了。」

人生悟語

其實獵人和漁夫交換收獲也在情理之中，每天都吃自己所獵捕到的收穫，也會吃膩，換換口味還是蠻不錯的。快樂常來自於不經意的偶然，刻意為之，反而收不到效果。快樂也因為適可而止才得以存在，若強行堅持，快樂就不復存在，而成為負擔了。

有時總覺得東西總是別人的好，連月亮都是國外的圓。於是一心想要得到。其實自己的東西更值得珍惜，擁有時，不覺得怎樣，可是一旦失去了，你就會感到它的珍貴。

Humanity

一知半解

一個牧羊人本來是以放羊爲生，一天他看大海十分平靜，於是決定航海做生意。牧羊人賣掉了自己所有的羊，買了一船棗子，就出發了，誰料到半路上起了風暴，大海幾乎把船掀翻，牧羊人的棗子全都落入了海中，他自己僥倖保住了生命。

此時有人在海邊經過，看見平靜的大海也產生了類似的想法，牧羊人便告誡說：「大海又變得平靜了，可能是因爲牠又想要誰的棗子了。」

人生悟語

牧羊人沒有航海經驗，只是偶然看見海上風平浪靜，就貿然出海，哪知大海美麗平靜的景象背後，隱藏著外行人看不出來的種種危機。他的這種做法好比炒股剛入門，本應長期觀察了解規律，先試探性投資，之後循序漸進。如果急於求成，一開始就投入全部家產，很可能全軍覆沒，血本無歸！

在決定事情之前都要將事情的一體兩面想清楚，利弊兼顧，才有主動權，避免因片面的瞭解而帶來危害。

Humanity

黑吃黑

狼從羊欄中抓了一隻羊，想帶回洞中享用，不巧半路上碰到了獅子。結果獅子橫刀奪愛，輕易地將羊搶了過去。

狼不敢反抗，只能遠遠地大聲抗議：「你怎麼搶我的食物，太不講道理了！」

獅子報以冷笑：「難道你講道理嗎？這隻羊是怎麼來的？不會是朋友送的吧？」

人生悟語

對於用不正當手段得來的東西，是沒法用正當的手段來保有所有權的。

因為只有取之有道，得之合理，別人才會對你的擁有保持適度的尊重，否則，是很難避免「黑吃黑」的現象發生的。

當你用非法的手段取得利益時，別人也在一旁虎視眈眈。他們想，你可以巧取強奪，那麼我也可以同樣這做。一來良心上不會受遣責，二來對方也不是以正當的方式得到的，諒他也不敢聲張。

Humanity

站在一邊說涼話

一頭驢馱著沉重的貨物過河，渡水時，腳下一滑，摔倒了，由於貨物太重，牠也爬不起來，不禁趴在那裏哎嚎。

池塘裏的青蛙不知驢子的痛苦，還嘲笑牠：「你不過是在水裏跌了一跤，就痛苦得哇哇叫，要是你像我們這樣成天泡在水裏，真不知道你會哭成什麼樣子？」

人生悟語

青蛙說這番話真是站著說話不腰疼，牠生來就生活在水中，而驢子卻不習水性，牠們的境況怎能一樣呢？如果青蛙去試試驢的擔子，就會理解牠的痛苦了。

生活中由於每個人的條件及實際情況不同，因而對環境的反應也不盡一致，甚至會大相徑庭。你所得意的，也許正是別人痛苦的；而別人喜歡的，也很可能是你所討厭的。

將心比心，不妨多從他人的角度來理解他人。

Humanity

言之過早

一個阿拉伯駝夫，給駱駝裝上貨物，準備趕路，這時他問駱駝喜歡上山還是喜歡下海。

駱駝反問道：「你怎麼會問這個問題？莫非我們已經走出沙漠了嗎？」

人生悟語

駝夫的這個問題不是不可以問的，而是擇的時機不當，顯然是過早。雖說人無遠慮，必有近憂，但如果眼前的問題還沒解決，就想到未來，未免太不切實際了。

急於求成的人應向駱駝學習，踏踏實實，一步一腳印，最終會走向成功的。

做事情講究循序漸進，一步一步地去做，不可亂了次序，企圖忽略過程，一步到位，往往是不會辦成的。

身外之物

一個禿頭的騎士戴著一副假髮，與別人一同去野外打獵。一陣大風吹掉了他的帽子，也吹掉了他的假髮，同伴見狀大笑。

騎士勒馬停下，自我解嘲地說：「這些假髮本來就不是我的，從我頭上飛走也是正常的，這些頭髮連它們的真正主人都拋棄了，還在乎拋棄我嗎？這也沒有什麼好奇怪的。」

人生悟語

騎士的豁達心胸值得我們學習。光頭好比真實的自我，假髮好比身外的名利。

名利本來就是身外之物，該來時則來，該去時則去，本來就不是屬於自己的東西，得而後失，有什麼好奇怪的呢？

對於名利，勉強爭取與勉強挽留都只能增加自己的煩惱，別無他用。

Humanity

小人的行徑

不幸的獅子被關在籠子裏，狐狸看見了，一改往日的卑微，指著獅子的鼻子辱罵：「你這可惡的森林霸王，我再也不必每個月送你一隻雞了。」

獅子心平氣和地回答：「捉弄我的是不幸的命運，何必為了小人的辱罵而嘔氣呢！」

人生悟語

獅子的態度十分明確地向人們說明了什麼叫做「不跟小人一般見識」，你要和他生氣，才是真的吃虧了。

生活中的小人行徑，總是在你得意時，他錦上添花；你落難時，他雪上加霜。所以平時最好不要跟這種人打交道，這種趁人之危的行徑令人鄙視。

Humanity

借刀殺人

一個喇叭手在戰爭中被敵人捕獲，敵軍將領下令要馬上將他處決。

喇叭手苦苦哀求：「請饒了我，我沒有殺死你們軍隊中的任何一個人，也沒有兵器只有這支銅喇叭，我究竟有什麼過錯。」

敵軍將領回答說：「這正是我想殺你的原因，如果沒有喇叭，士兵可能會懶惰，如果沒有喇叭，士氣可能會低落，我們的人也不會死得這麼多。」

人生悟語

傷害別人的凶手並非僅僅是手握刀槍的人。因為罪惡的形成，不一定要親手去做，就像給行凶者提供方案的謀士，製造武器的人，吶喊助威的人，儘管雙手未沾鮮血，卻一樣罪責難逃。

Humanity

理想與現實

海邊有幾個人在散步，他們爬上一塊位於高處的礁石，向海面眺望。他們看見遠處有一個黑點一直往前靠近，以爲是一艘大船，就等著看大船進港的情景。

等到那漂浮在上面的點較靠近時，大家一看竟不是大船，只不過是艘小船而已。

他們繼續等，後來那黑點靠了岸，結果根本也不是什麼小船，而是海上飄的一捆柴。

大家大失所望，其中一個人說：「哎！等了這麼久，什麼也沒看到，靠岸的只不過是一堆爛柴，白等了一場，太不值得了。」

人生悟語

期望越高，失望也就越大。幾個海邊的遊客之所以大感失望，就在於事先他們對海上漂浮的那捆柴期望太高，指望是一艘大船，結果怎能令他們滿意呢？

理想與現實之間往往存在著或多或少的差異，因而人難免會期望落空，如果想不開，難免為自己增添煩惱。所以要保持平常心，以正常的心態去看待未來的事物，做好的打算，也做好壞的打算。

Humanity

做好自己

諸神決定各選擇一棵在他們特別保護下的樹來照顧。

上帝選擇了橡樹，愛神選擇了石榴樹，文藝神選擇了月桂樹，曠野神選擇了松樹，大力神選擇了白楊樹。

手藝神非常奇怪地問：「你們爲什麼不選擇能結果實的樹呢？」

上帝回答說：「樹能結果實，就會有人說我貪求果實，這有損於我的名聲啊！」

手藝神說：「讓別人去說吧！我會更加珍愛有果實的橄欖樹。」

上帝聽了讚賞地說：「我的女兒，只有妳才配『聰明』二字，只要自己做的事情有意義，表面上的榮譽是不重要的。」

人生悟語

「走自己的路，讓別人去說吧！」只要你自己認為你所做的具有價值和意義，那麼就不必在乎別人說長論短。

那些空談的榮譽是毫無作用的，人應該先求「實」，然後再考慮「譽」，求實的精神，也許短時間之內不被人理解。但經過時間的考驗，一定會贏得人們的讚譽。

Humanity

觀察

一隻獅子老了，牠感到自己覓食越來越吃力，決心改變覓食的方式，運用計謀取食。於是牠整天躺在洞裏裝病，大聲呻吟著，讓其他的野獸們聽見。

百獸前來探望牠，走進洞中的都成了獅子的腹中餐，來一個吃一個。

後來一隻狐狸識破了獅子的陰謀，牠來探望獅子，遠遠地站在洞口，說什麼也不肯靠近。

獅子便裝作和善的樣子，勸狐狸進洞裏和牠聊聊天。

狐狸一口拒絕了獅子，牠說：「謝謝你的好意，我看就不必了，因爲我很爲自己擔心。看見地上就明白了，這裏有許多其他動物走進你洞裏的腳印，但可怕的是，沒有出來的腳印。」

人生悟語

這個寓言裏，動物們一個接一個地到獅子那裏送死，這種亦步亦趨地跟從，是牠滅亡的主要原因。

相反，細心的狐狸，仔細的觀察前者留下的腳印，有了這些前車之鑑，狐狸及時醒悟，毫髮無傷地保全了自己的性命。

當我們回顧歷史的時候，就應記取前人失敗的教訓，吸收他們成功的經驗，這樣才會少走冤枉路，避免重蹈覆轍。

前輩留下的東西看來是不容忽視的，因為此乃無價之寶。

聰明的老婦人

有位老婦人患了眼疾，什麼也看不見，於是請來醫生。他們找來證人，在醫治前簽訂了一份合約：只要能治好老婦人的眼睛，讓她重見光明，醫生將會得到一筆豐厚的酬金；相反的，如果醫治無效，老婦人將分文不給。

此後，醫生常來診治，用藥膏治療她的眼睛。不過每次來訪，他總是順手牽羊，偷走老婦人的東西，漸漸的把老婦人的東西都偷光了。

後來老婦人的眼睛治好了，她見屋裏的東西被偷光，就拒絕付醫藥費。醫生堅持合約的規定，見老婦違約，就到法官那裏去告狀。

老婦在法庭上的回答很精采：「我的確答應過，如果他醫好我的眼睛，我付錢給他，如果醫不好，就不必付款。現在醫生認爲已經治好了我的眼睛，而我則不這麼認爲，我覺得我還是瞎子。因爲假若我的眼睛治好了，爲什麼我連屋裏的值錢東西都看不見呢？我看現在還不如以前呢！」

人生悟語

別以為人家老實，就可以欺負，其實誰都不傻，「啞巴吃湯圓──心裏有數」，人家不聲張，並不代表你已經陰謀得逞，最後受害的還是你自己。

Humanity

虛榮心作祟

烏鴉嘴裏銜著一塊肉，飛回到樹枝上，準備慢慢享用。

一隻狐狸看見了，饞得直流口水，很想得到那塊肉，於是想了想，對烏鴉說：「哎呀！我從未見過這麼美麗的烏鴉，苗條的身段，漂亮的羽毛，如果聲音也和外型一樣出色，那簡直就是鳥中之王了。」

烏鴉聽完後感覺輕飄飄地，於是為了證明自己的實力，就張口唱歌，肉馬上就掉下去了。

狐狸撿起肉，嘲笑烏鴉：「我聽見了，聲音是不錯，就是頭腦太簡單，智商低一些。」

人生悟語

人最大的致命傷就是虛榮心。虛榮心人人都有，只是或多或少而已。稍有一些不要緊，可讓人自強自信，還有些積極作用。可是虛榮心太嚴重就麻煩了，像烏鴉那樣，自己的最弱項就是聲音了，可是別人一誇獎，牠居然聽不出諷刺，還信以為真。讚美的奉承話誰都愛聽，但是脫離實際、誇大其辭的讚美就別有居心，人對這種讚美應小心謹慎。其實只要有自知之明，就不會被幾句好話哄得不知所以了。

Humanity

眼前的快樂

母鴿子在籠子中生了很多小鴿子。恰巧烏鴉從籠子前飛過，母鴿對烏鴉炫耀說：「你看，我的孩子有這麼多。」

烏鴉嘲笑牠說：「妳的孩子越多，關在這籠子裏的就越多，那麼妳的煩惱就越多。」

人生悟語

如果缺乏長遠的規劃與打算，眼前的快樂常常會成為將來痛苦的根源。因為凡事都有一個限度，即使目前沒有達到極限，但也不應該毫無節制地隨意行動，這樣不僅不能解除未來的隱患，還會使麻煩提前出現。

Humanity

蓄意的欺騙

有一隻鷹坐在樹枝上，樣子非常憂傷。

一隻鳶飛過來，停在牠的身邊，好奇地問：「你爲什麼這麼憂傷？」

鷹回答說：「我憂傷的原因只有一個，我想找一個合適的伴侶，卻一直都找不到。」

鳶回答說：「我就是你要找的伴侶呀！」

老鷹問：「你能靠劫掠生活嗎？」

鳶回答說：「我常用腳爪去抓駝鳥，我的爪功可比你厲害得多。」

鷹聽了很高興，就和牠結了婚。

婚後不久，鷹對鳶說：「你曾經說過常常捉駝鳥，今天我倒是想看看。」

鳶答應了，飛出去不久，抓了一隻死老鼠回來。鷹氣憤地說：「這就是你曾許諾給我的東西嗎？」

鳶說：「我想和你結婚，所以每件事我都答應你，我早就知道遲早有一天，當你要我實現諾言時，我的謊言就會被拆穿了。」

人生悟語

這是一則關於婚姻的寓言。鳶為了達到結婚的目的，花言巧語，許下了根本沒有能力兑現的諾言。但牠終究要接受現實的考驗，結果只能失敗。

鷹的錯誤則在於聽信了鳶的吹噓，牠本可以當場考驗鳶的能力，但幸好沒有造成太大的損失。

為了要防止某些人為達到某種目的蓄意欺騙，你可以先觀察一段時間再做出決定。不僅選擇伴侶如此，選擇朋友，選擇職業也是如此。

Humanity

屬於自己的責任

一個人從山上的老鷹巢裡捉回一隻幼鷹，把牠和雞放在一起飼養。

鷹漸漸長大了，主人要把牠訓練成獵鷹，可是由於終日與雞爲伍，鷹根本沒有飛的願望，主人試用了許多方法都不見效，最後只好把牠從山崖頂上放飛。

結果面對墜入深淵的險境，鷹居然奇蹟般地飛了起來，成爲一隻真正的老鷹。

人生悟語

羅曼・羅蘭說：「在這個世界上，最渺小的人和最強大的人同樣有一種責任。」人字最簡單，卻也最難寫。人一旦受到責任感的驅使，就會擁有偉大的勇氣和力量。

因為，責任會產生出壓力，壓力會產生出動力，有動力才有信心，才能激發出抱負和自信，才會把責任承擔到底。

世上只有一個真理，便是忠實於人生，並且愛它。有了責任心，生活就有了真正的含義和靈魂。

Humanity

動人的微笑

在挪威，有一個名叫史文生的年輕人，生性孤僻、木訥，常常獨來獨往。

他心想，如果嘴角常帶笑容必定能結交一些朋友，於是他到整形外科醫院，請醫師幫他動手術，在嘴角留下永遠動人的微笑。

周圍的人仍然不理會他。

不同的是，人們這回把他當作白癡，因爲他無時無刻總是皮笑肉不笑。

最美的笑是一種發自內心的陽光。
而陽光是無法製造的。
單單就這一點，人類就不應該太自負，畢竟我們無法製造一切。

單純快樂的生活

有一則童話講的是小白兔和大灰狼。

小白兔的生活方式很簡單也很實際：守住蘿蔔，天長地久。

基於此，牠每天都忙忙碌碌，播種、耕耘、收穫、儲存，生活單純得近乎快樂。

大灰狼則又懶又饞，不愛工作，只圖享受。

有一天，大灰狼去小白兔家做客，他口沫橫飛地描述了一番嘗過的美食。

小白兔聽得口水直流，牠這才知道，自己的歲月過得多麼可憐。

不幸的是，冬天來了，大灰狼再也找不到食物，這時牠才由衷地渴望，即使有個蘿蔔也是好的。

人生悟語

其實，平凡的生活莫過於此，要麼平實，要麼熱烈。

平實的人很容易滿足，由於自覺性的生存危機感，就像一隻背負厚殼的蝸牛，永遠在地平線上爬行。

熱烈的人卻很不容易滿足，永遠都在追逐新鮮、追逐刺激和不枉活於世上的樂趣。他像一隻蹦蹦跳跳的青蛙，永遠都在跳。

相較而言，熱烈的人大都聰明，懂得發掘潛力，走捷徑，抄近路，但另一種回歸於平實的人更聰明，他只注重生命的厚實和平淡。

Humanity

最佳的距離

寒冷的冬天，一群豪豬擠在一起取暖，但各自身上的刺迫使牠們一觸即分；禦寒的本能使牠們又聚在一起，疼痛則使牠們再次分開。如此地一而再，再而三，牠們終於找到了彼此的最佳距離——在最輕的疼痛下得到最大的溫暖。

人生悟語

人類似乎可以在豪豬身上學到一些東西：「防」身的東西偏偏有時會成為「妨」身的東西，正所謂一利跟一弊。豪豬在最佳距離裡成為表率。

Humanity

兩敗俱傷的鬥爭

在一個原始森林裡，一條巨蟒和一頭花豹同時盯上了一隻羚羊。花豹看著巨蟒，巨蟒看著花豹，各自打著自己的如意算盤。花豹心想：如果我要吃到羚羊，必須先消滅巨蟒。

巨蟒心想：如果我要吃到羚羊，必須先消滅花豹。於是幾乎在同一時刻，花豹撲向了巨蟒，巨蟒撲向了花豹。

花豹咬著巨蟒的脖子想：如果我不用力氣咬，我就會被巨蟒纏死。巨蟒纏著花豹的身子想：如果不用力死纏，我就會被花豹咬死。於是雙方都死命地用力。

最後，羚羊安詳地踱著步子走了，而花豹與巨蟒雙雙倒地。

獵人看了這一場爭鬥甚是感慨，說：「如果兩者同時撲向獵物，而不是撲向對方，然後平分食物，兩者都不會死；如果兩者同時走開，一起放棄獵物，兩者都不會死；如果兩者之中的其中一方走開，一方撲向獵物，兩者都不會死；如果兩者在意識到問題的嚴重性時互相鬆開，兩者也都不會死。牠們的悲哀，就在於把本該具備的謙讓轉化成你死我活的爭鬥。」

人生悟語

巨蟒和花豹的悲哀，在於牠們把本該具備的謙讓轉化成你死我活的爭鬥，牠們本可以合作吃到肥美的羚羊，結果卻兩敗俱傷。

生活中的悲哀也常常由此而起。

Humanity

包裝過後的奉承

獅子坐在寶座上。牠對於臣民的恭維已經聽厭了。

「真討厭！牠們每天對我說一大堆恭維的話，我的耳朵聽得都快要生繭了！真愚蠢，還以爲我是一個喜歡受人恭維的獅王！」

這時候，一隻打扮得很華麗的狗走到寶座前，一邊搖尾巴，一邊戰戰兢兢地獻上牠的頌詞：「統治萬獸的王啊！沒有您，我們如何能安居樂業啊！我們全體獸國的臣民都誓死忠心於您。爲了您，就是犧牲自己的生命也願意。」

「滾開！」獅王咆哮著，從寶座上跳起來。「你不要到我這兒來拍馬屁！我最不喜歡聽人家的奉承話！」

狗夾著尾巴走開以後，來了一隻溫文爾雅的狐狸，牠打扮得很高貴，顯出牠是一個極有修養的學者。牠對獅王行了一個不亢不卑的禮，然後對那隻狗看了一眼，輕聲說：「王啊！您何必生氣呢？您是最明白的，像狗那麼無聊的傢伙，牠會說出什麼聰明的話，牠真是糊塗透頂了，連您是世界上最不愛受人恭維的這件事也搞不清。但是這也難怪，世界上不喜歡恭維的是多麼少呀！像您這麼的聰明正直，我敢發誓，我還是第一次看到呢！」

「你說得對。」獅王眉飛色舞地說：「來，讓我賞你一隻肥大的母雞！」

人生悟語

獅子表面上不愛恭維，但最終還是接受了狐狸的奉承，只不過這是經過包裝的奉承。看來，虛榮心真是無處不在的東西。

Humanity

自私

一群狼被獵人趕進了一個洞裡。獵人在洞口安放了一只獸夾，哪隻狼先出洞就會被獸夾夾住，不過，其餘的狼就得救了。

狼群在洞裡餓了一天一夜，他們討論誰先出洞的問題。

老狼說：「我年紀最大，我先出洞不大合適吧！」

小狼說：「我的年齡最小，不該是我先出去。」

母狼說：「我家裡還有三隻狼寶寶等著我餵奶，你們忍心餓死牠們嗎？」

一隻跛腳的狼說：「我已經負傷了，大家應該多照顧我。」

只剩下一隻壯狼了，他說：「我可以先出去。不過，如果我最後衝出去，我可以爲大家報仇，去咬死獵人。」

幾天後，獵人從洞裡拖出一群餓死的狼。

人生悟語

由於不肯犧牲小我，結果大家一起斃命，可見自私自利是多麼可怕。當我們也面臨群狼這樣的處境，我們會作何抉擇？我們可是萬物之靈呀！

Humanity

誘惑背後的陷阱

一隻老鼠不小心掉進了一個還剩半滿的米缸裡。這意外飛來的口福老鼠豈肯放過?一頓飽食後倒頭便睡。

不知不覺中老鼠在米缸裡已過了好長一段時間,有時牠也想跳出去,可是看著這麼多的白米,嘴巴便無法抗拒。直到有一天米缸見了底,老鼠才驚覺缸底到缸口的高度無論如何已是難以迄及;更要命的是,此時的牠已胖得如一隻笨拙的肥貓,幾乎沒有什麼彈跳力了。

牠面臨的只有兩種不幸的結局:一是成為主人的棒下鬼,二是餓死在米缸中。

人生悟語

現實生活中又有多少「米」的誘惑呢?如果我們不能看清「米」背後的可怕陷阱,或是看清了卻無法按捺一時的欲望,結果就如同那隻老鼠一樣——每滿足欲望一次,毀滅就更接近一步,直至陷入絕境。

人生態度

平日的一點一滴的努力，是在用實際行動為成功鋪路。

歷盡艱險得來的成功，會如同懸崖上的草莓般，有著格外的甘甜與芬芳。

如果你還在苦苦地等待運氣的來臨，不能腳踏實地的行動，運氣是不會到來的。

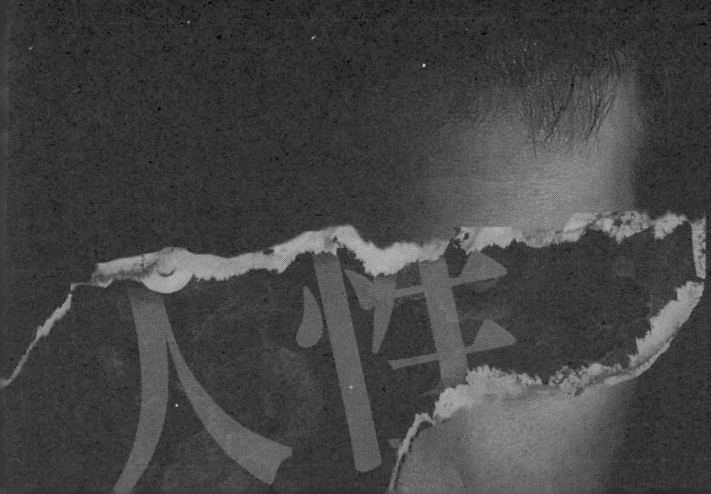

貪

樹上飛來了一隻嘴裡銜著一大塊食物的烏鴉。

許多追蹤這隻叼著食物的烏鴉立刻成群飛來。牠們全都停下來，一聲不響，一動也不動。那隻嘴裡叼著食物的烏鴉已經很累了，很吃力地喘息著，可不是嗎?牠不可能一下子就把這一大塊食物吞下去的呀!

牠也不能飛下去，在地上從容不迫地把這塊食物啄碎。因爲，烏鴉們會猛撲過去，於是就要開始一場所謂的混戰了。牠只好停在那兒，保衛嘴巴裡的那塊食物。

不過也許是因爲嘴裡叼著食物，導致呼吸困難，也許是因爲先前牠被大家追趕，已經弄得精疲力竭。只見牠搖晃了一下，突然叼著的那塊食物掉落下去。所有的烏鴉都猛撲上去，在這場混戰中，一隻非常機靈的烏鴉搶到了那塊食物，立刻展翅飛去。

這當然是另一隻烏鴉——頭一隻被追趕得精疲力竭的烏鴉也在跟著飛，但已明顯地落在大家後面了。

結果第二隻烏鴉也像第一隻一樣，弄得精疲力竭，並飛到一棵樹上，也是最終失去了那塊食物，於是又是一場混戰，所有的烏鴉又去追趕那隻幸運兒……

人生悟語

叼著食物的烏鴉的處境多麼可怕，而這只是因為，牠只為了自己。

每個人都為了自己，不懂得互相協助、互相愛護，必然會落到叼著食物的烏鴉那種可怕的處境。

在你做事的時候，別只顧及自己，多想想別人。

Humanity

最佳建言

有一次，虎大王把百獸召集到一起。牠十分誠懇，面帶微笑，說道：諸位，本大王管理動物王國多年，問題很多，錯誤很多，希望諸位有話直說，多提寶貴意見，以幫助本大王改進工作，特此拜託大家了。

眾動物聽完虎大王的肺腑之言，都很受感動。

山羊說：虎大王，您太殘忍了，不尊重其他動物的生存權，您經常漫不經心地將一些山羊置於死地，把牠們的肉當做美味佳肴，希望您改掉這個壞習慣。

老牛說：虎大王您在任用動物首領時，很偏心，誰給您好處您就任用誰，誰會拍馬屁您就任用誰，誰是您虎大王的親屬您就任用誰，這個習慣得改，要不然，邪氣就會壓住正氣，您的周圍會被奸佞者包圍，這樣做是很危險的。

狗熊說：虎大王，您凡事以自己的意見爲意見，說一不二，從不把其他動物的意見當回事，絕對的權威，大家對您的意見太多了。

大家一個個向虎大王提寶貴意見，虎大王靜靜地聽著，臉色變得越來越難看。

這時狐狸出來說話了，牠說，虎大王我給您提三條意見：

第一、虎大王您在工作時，不注意保護身體，一旦身體累垮了，就會影響領導工作，繼而影響整個動物世界的繁榮。

第二、虎大王您工作事必躬親，許多工作本來可由其他動物去做的，您卻親自去做了，比如：看文件、寫報告、檢查工作等，使大家心裡很過意不去。

第三、虎大王您作爲一位雄性動物不愛接近雌性動物，這樣，讓雌性動物覺得您不易親近，雌性動物望您生畏，對此，雌性動物很有意見。

第二天，山羊、老牛、狗熊都失蹤了，據說讓老虎吃掉了。

虎大王宣布，聘請狐狸爲大王助理。聽完任命，狐狸露出得意的微笑，心想：這張嘴多麼値錢。

人生悟語

狐狸提出的意見我們在很多會議上都可以聽見。是因為很多領導者確實都有這些方面需要注意，還是因為像狐狸一樣提意見的人很多？其實大家心裡都明白。

Humanity

得意的太早

兩匹馬各拉著一輛大車。前面的一匹走得很好，而後面的一匹常常停下來。於是主人把後面一輛車上的貨挪到前面一輛車上去。等到後面那輛車上的東西都搬完了，後面那匹馬便輕快地前進，並且對前面那匹馬說：「你應該很辛苦很累吧！你越是努力的工作，人家越是要折磨你。」

當他們來到車馬店的時候，主人說：「既然只用一匹馬拉車，我養兩匹馬有何用呢？不如好好地餵一匹，把另一匹宰掉，總還能拿張皮吧！」主人就這樣做了。

人生悟語

我們應該在心中立下這樣的信念和決心：從事工作，必須不顧一切，盡自己最大的努力。如果對工作不忠實、不盡力，那將貶損自己，糟蹋自己。

厄運難逃

狼從樹林裡衝出來，經過村莊。爲了保全性命，牠惶恐地奔跑，獵人和一大群獵狗從後面緊緊地追上來。

牠本來想溜進隨便哪一家去躲藏，然而家家戶戶的門都關著。

牠看見一隻貓蹲在院子的籬笆上，就向貓哀求道：「親愛的，請告訴我這裡的農夫誰最和善，誰肯搭救我，讓我躲避凶惡的敵人？」

「如果我是你，我就去求斯傑潘，村子裡再也沒有比他更和善的人了。是的，斯傑潘一定會幫忙的！」

「是嗎？可是我以前偷過他的一隻小豬。」

「那麼到傑米揚那兒去試試看。」

「恐怕傑米揚也正要找我算帳，不久以前我咬死了他的山羊。」

「那麼，趕快到隔壁的特羅菲姆那兒去吧！」

「到特羅菲姆娜去？不，我不敢去。因爲，自從去年春天以來，他一直在逼我還他的小羊羔呢！」

「那真是糟了！你不妨到克里姆那兒去碰碰運氣。」

「唉！我也偷過克里姆的牛。而且把牛吃掉了。」

「這樣看起來，我的朋友，沒有一家你不會得罪過。」貓對顫抖著的狼說道：「你在這裡大概是不會得到保護的了！」

人生悟語

種瓜得瓜，種豆得豆，自己做的壞事就必須由自己去承擔惡果。

為了一己之私而傷害別人，這樣的人只能天天祈禱不要出什麼事情才好，否則，難逃厄運。

Humanity

過去並不是生命的全部

前重量級拳王傑克．登普西在和他的一位記者朋友吃飯的時候，講述了他把拳王頭銜輸給滕尼的那一仗和他的感受：

在拳賽進行的過程中，我忽然發現我變成了一個老人……到第十回合終了，我還沒有倒下去，可是也只是沒有倒下去而已。我的臉腫了起來，而且有很多處傷痕，兩隻眼睛幾乎無法睜開……

我看見裁判員舉起滕尼的手，宣佈他獲勝……

我不再是世界拳王。我在雨中往回走，穿過人群回到自己的房間。在我走過的時候，有些人擠過來想抓我的手。另外一些人眼睛裏含著淚水。

一年之後，我又跟滕尼比賽了一場，但是一點用也沒有，我就這樣永遠地完了。

要完全不去想這件事情實在是很困難，可是我對自己說：我不打算生活在過去裏，我要能承受這一次打擊，不能讓他把我打倒。

人生悟語

生存之道就是對我們力所不能及的事情，不要去想牠。過去並不是我們的全部，還有現在，還有未來，還有希望。

Humanity

尋找成功的機會

娥菈的丈夫病了，她必須賺點錢補貼家用，可是她沒有任何經驗，沒有任何專業技術，更沒有資金，她只不過是一名平凡的家庭主婦。

她想了又想，從一顆雞蛋中取出蛋白加上一些糖，在廚房裡做了一些餅乾，然後捧了一盤餅乾拿到學校去賣。

第一個禮拜，她只賺了十美元，但她很高興。

娥菈找到了一位在街頭賣花生的義大利人，並送給他一些餅乾試吃。義大利人蠻喜歡的，於是開始出售她的餅乾。

第一天就讓她賺了五美元。

四年後，娥菈在芝加哥開了第一家商店，店面只有五坪大。她白天賣餅乾，晚上做餅乾。

這位家庭主婦，從她廚房的爐子上開創出了餅乾工廠，現在已擁有十九家店鋪——其中十八家都設在芝加哥最熱鬧的市區。

人生悟語

不管理想中的事業是什麼，首先得燃起對事業的信心。牠能否成功，就在於怎樣去激發你的熱情了。信心、熱情再加上勤奮的努力，那就一定會成功。

主動

一家美國旅館裡的一位旅客從樓上急匆匆的下來，到了大廳裡的收款台前結帳，離火車駛離的時間只剩下十五分鐘了。突然，他想起還有一些東西忘記在房間裡。

他對旅館接待員說：「先生，你能跑上去看一下，我是不是把一包東西忘在那裡的桌子上了？」

接待員跑上樓去。五分鐘過去了，這位旅客在客廳裡走來走去，樣子很生氣。最後那個接待員空手回來了。

他回答那位旅客：「是的，先生，你把你的包裹留在那裡了，它確實在你房間的桌子上。」

人生悟語

這個故事沒有告訴我們這位招待員的下場如何，但可以想像，他可能會挨一頓臭罵，或許飽嚐老拳，甚至會因旅客的投訴而捲舖蓋回家。

但可憐的是：他其實並沒有做錯什麼事，僅僅是缺少了那麼一點服務的主動精神。

我們無論做人或做事，都應該要有服務的精神，盡量能夠做多一點，做好一點，主動一點。

這表示我們不是只為酬報，而是一種責任感和貢獻感在促使我們這樣做。

要做多一點，做妥當一點，多過他們所希望或要求的，這就是外國人所謂多走一里路的精神。

Humanity

盲目的跟隨

一個牧童趕著他的牛群四處找尋茂盛的牧草。來到河邊，遠遠望去，只見對岸碧草青青，足供牛群飽餐一頓。

但河水流得十分湍急，岸邊的水看來很淺，可是河心的深度如何，牧童可就看不出來了。

正當他猶豫不知是否該將牛群趕過河之際，究然望見對岸有個人趕著一群鴨子走過。

牧童連忙大叫：「喂，趕鴨子的，你那群鴨子是不是從這邊趕過去的？」

趕鴨的人回答：「是啊！有什麼事？」

牧童再問：「河水深不深啊？我的牛能不能過得去？」

趕鴨人回答：「你的牛？沒問題，快過來，河水不深。」

牧童聞言大喜，立即將牛一隻一隻趕入河水中。卻不料牛群走到河心時，紛紛失足，被湍急的水流沖走。

幸好牧童會游泳，他又急又怒，趕忙游到對岸，一把扯住趕鴨人的胸口：「我和你有什麼仇，你爲什麼騙我說水不深，害得我的一群牛被水沖走，我要你賠。」

趕鴨人一臉茫然：「要我賠？我沒騙你啊！我的鴨子腳這麼短，都能過得來，你的牛腳那麼長，我怎麼知道牠們會被水沖走！」

人生悟語

想要成功，當然得要請教成功者。如果不能瞭解這個基本理念，則勢必將導致「問道於盲」或「何不食肉糜」的尷尬後果。

請教成功者，是一條安全的道路。懂得請教成功者的人，是謙虛而充智慧的人。想要成為頂尖的大師，一定得先了解這條成功法則。

Humanity

工作的樂趣

有一個古老的故事，講的是三位砌磚工人的工作態度。

有人問：「你們在幹什麼？」

第一位工人答道：「砌磚。」

第二位工人答道：「我在做每小時賺十美元的工作。」

第三位工人則答道：「你問我？我在建造世界上最偉大的教堂！」

人生悟語

這個故事沒有告訴我們三位工人的結局。但我們能猜想在以後的歲月裡，會有什麼樣的變化。

很有可能，頭兩位工人仍是砌磚工，因為他們缺少遠見和想像力，也缺少對工作的尊重。沒有什麼能推動他們去獲得更大的成功。

但你可以跟任何人打賭，那位自認為自己是在建造一座世界上最偉大的教堂的工人，不會仍然僅僅是一名砌磚工，也許他會成為一個工頭或承包人，甚至是一位建築師。他會不斷前進和得到提升。

第三位砌磚工的話說明他對工作的看重與熱愛，顯示他對自我發展的巨大潛力。
就像你的形象一樣，你的工作態度也能對你自己的思想、使他人對你的看法產生極大影響。
看重你的工作，對於立自信心，以及給別人一個良好的印象等方面，皆有極好的影響。

Humanity

馬太效應

池沼問河流：「你整天奔流不息，一定累得要命吧！你一會兒背著沉重的大船，一會兒負著長長的木筏，在我眼前奔流而過。小船小木筏更不用說了，牠們多得沒完沒了。你什麼時候才能拋棄這樣無聊的生活呢？」
「像我這樣安安逸逸的生活，難道你找得到嗎？我，一個幸福的閒人，舒舒服服悠悠閒閒的蕩漾在柔和的泥岸之間，就像高貴的婦人窩在沙發的靠枕裡一樣。

大船也罷小船也罷，漂來的木頭也罷，我這兒可沒有這些無謂的紛擾；甚至小木筏有多重我都不知道哩！頂多偶爾有幾片落葉飄浮在我的胸膛上，那是微風把牠們送來和我一起休息的。

一切風暴有樹林擋住，一切煩惱我也全染不上，我的命是再好也不過的了！周圍的塵世不斷的忙忙碌碌，我卻躺在哲學的夢裡養神休息。」

「哲學家，你既然懂得道理，可別忘了這條法則，」河流回答道，「水只有流動才能保持新鮮。我成了偉大壯闊的河流就是因爲我不躺在那兒做夢，而是按照這個法則川流不息。

結果呢？我那源源不絕，又多又清的水，年復一年給人們帶來了幸福並贏得了光榮的名譽，或許我還要世世代代地川流不息下去。

那時候，你的名字早已不會有人知道了。」

多年以後，河流的話果然應驗了，壯麗的河仍舊川流不息，池沼卻一年淺似一年。池沼面上浮著一層黏液，蘆葦生出長來了，而且生長得很快，池沼終於乾涸了。

人生悟語

聖經上說：「凡有的，還要加給他，叫他有餘；沒有的，連他所有的，也要奪過來。」這就是著名的「馬太效應」。

擁有是為了要用，而不是囤積。不論你擁有什麼，都必須妥善運用，否則就是浪費。

Humanity

尋找快樂

從前，在迪河河畔住著一個磨坊主，他是英格蘭最快活的人。他從早到晚總是忙忙碌碌的，同時像雲雀一樣快活的唱歌。他是那樣的樂觀，使得其他人也都樂觀了起來。這一帶的人都喜歡談論他愉快的生活方式。終於，國王也聽說了有這一號人物。

「我要去找這個奇異的磨坊主談談。」他說，「也許他會告訴我怎樣才能愉快。」

他一走進磨坊，就聽到磨坊主在唱：「我不羨慕任何人，不，不羨慕，因爲我要多快活就有多快活。」

「我的朋友，」國王說：「我羨慕你，只要我能像你那樣無憂無慮，我願意和你換個位置。」

磨坊主笑了，給國王鞠了躬。

「我不願意和你調換位置，先生。」他說。

「那麼，告訴我，」國王說，「什麼使你在這個滿是灰塵的磨坊裡如此高興、快活呢？而我，身爲國王，每天都憂心忡忡，煩悶苦惱。」

磨坊主又笑了，說道：「我不知道你爲什麼憂鬱，但是我能簡單的告訴你，我爲什麼高興。我自食其力，我愛我的妻子和孩子，我愛我的朋友們。他們也愛我。我不欠任何人的錢。我爲什麼不應該快活呢？這裡有這條迪河，每天它使我的磨坊運轉，磨坊把穀物磨成麵，養育我的妻子、孩子和我。」

「不要再說了。」國王說，「我羨慕你，你這頂沾滿灰塵的帽子比我這頂金冠更值錢。你的磨坊給你帶來的，要比我的王國給我帶來的還多。如果每個人都像你這樣，這個世界會是多麼美好啊！」

人生悟語

我們刻意尋求快樂，以為快樂就像天上的彩虹，光華奪目，但這只是一種幻覺，我們捉不到牠的。刻意去找尋快樂，往往找不到，反而帶來空虛和煩惱。但有時在有意無意之間，愉快的事情卻如不速之客，突然到來，令人捉摸不定。

可見快樂不能直接去尋找，卻能從間接中得到。一個超越自身利益的心願，足以使我們忘卻自己，而不只是著眼於自己的利益和好處。

但如果別人因你的工作而有裨益、進步和成就，莫名其妙的快樂，就會從無意中出現。做一件好事，完成一件對他人有貢獻的工作之後的滿足感，可以使人自然樂在其中。

Humanity

簡潔的生活

在市集上，有人看見蘇格拉底正興致勃勃的看著那些華麗俗氣的奢侈品。他不解的問：「先生，您也對這些東西感興趣嗎？」

蘇格拉底說：「是啊，我感興趣的是：這市場上有多少東西是我不需要的啊！」

人生悟語

簡潔樸實的生活是偉大的。過這種生活的人灑脫超然，不為任何繁複瑣碎和吹毛求疵的羈絆所束縛。

簡潔應該成為我們每一個人的準則。因為在人生道路上，唯有奉行簡潔的準則，才有可能避免誤入岔路，陷入歧途。

其實，使事物變得複雜是很容易的，但若想將事物簡化，使其成為有條不紊，就需要動動腦筋了！

一旦你奉行簡潔的準則，就能擺脫心靈受到的污染，擺脫使你的生活變得錯綜複雜的惱怒。簡潔還意味著每次只確立一個目標，意味著你從此不再怨天尤人，意味著去做一切你能力所及的事。不再竭力效仿，想把自己變成別人。

簡潔讓我們以樸實無華對待生活的心情，而不是夢幻生活該有怎樣的色彩。

Humanity

自知之明的重要

從前有一隻螞蟻，牠的力氣很大，開天闢地以來，像這樣的螞蟻大力士還不曾出現過，牠能夠毫不費力的背上兩顆麥粒。若論勇敢，牠的勇氣也是空前未有的：牠能像老虎鉗一般一口咬住蛆蟲，而且常常單槍匹馬的和蜘蛛作戰。牠不久就在蟻冢內聲名大噪，螞蟻們更是不斷的談論這位大力士。

到了後來，牠的頭腦裡塞滿了頌揚的話，使牠一心想到城市裡去大顯身手。到城市裡去博得大力士的名聲。有一天，牠爬上最大的乾草車，坐在趕車人的身旁，像個大王似的進城去了。

然而，滿腔熱望的螞蟻大力士碰了一鼻子的灰！牠以為人們會從四面八方趕來看他，可是不然！牠發覺大家根本不理會牠：城裡人個個忙著自己的事情。螞蟻大力士找到一片樹葉，在地上把樹葉拖呀拖的，牠機靈的翻筋斗，敏捷的跳躍，可是沒有人看，也沒有人注意。所以，當牠盡其所能的耍過了武藝之後，便怨天尤人地說道：

「如果我覺得城裡人都是糊塗和盲目的，難道是我不可理喻嗎？我表現了種種武藝，怎麼沒有人給予應得的重視呢？如果你到我們這兒來，我想你就會知道，我在蟻冢裡可是赫赫有名的。」

那天回家時，螞蟻大力士就變得聰明些了。

人生悟語

聰明的蠢才就是這樣沒有自知之明，自以為名滿天下，恍然大悟時才發覺自己的名聲僅僅限於蟻冢的範圍。

自豪——一旦它與驕狂、偏見及狹隘同行；一旦它與同情、謙遜及友誼分手，就成為一種低下的品質。這種虛幻的自毫感是偏狹、傲慢和無知的——對創造性的無知，對樸實、謙恭和果敢的無知。

這種充滿謬誤的想像傷害他人，同時也在無形之中傷害了自己。

妄自尊大的悲劇在於：它阻止人們達到完美和正直。試問，你能在妄自尊大的同時懷有真正的自尊嗎？不能！你能在妄自尊大的同時擁有對他人的理解嗎？也不能！

真正的自豪來自於對自己的理解，這是一種由成功和謙恭結合而成的幸福。

Humanity

歸零

有個自負的學生參加考試。試卷一發下來，他大致瀏覽了一下，除了試卷上頭一行「請先看完所有題目之後，再開始作答。」之外，有一百道是非題。以他的實力，大約三十分鐘可答完，他滿懷自信地提筆開始作答。

過了兩分鐘，有人滿面笑容地交卷，這個聰明的學生心中暗笑：「又是交白卷的傢伙。」

再過五分鐘，又有七八個人交卷，同樣是笑容滿面，看來不像是交白卷的模樣。這個聰明學生看看自己只答到二十幾題，連忙加快速度，埋頭作答。

待他答到第七十六題時，赫然發現題目寫著「本次考卷不需作答，只要簽上姓名交卷便得滿分，多答一題多扣一分。」

他滿臉狐疑舉手欲向監考老師發問，只見同時也有數名考生迷惑的四處張望。聰明的學生看著試卷第一行的說明：「請先看完所有題目之後，再開始作答。」他不禁痛恨自己答題的快速。

人生悟語

在生歷程中，是否也曾發生過類似的情形，自視過高，不願聽信好的意見，是一般人常犯的錯誤。

在面對難題時，若能單純聽眾有經驗者的指示，按部就班依照順序去處理，難題可能將奇蹟似的變得極易解決。真正難的部分，在於我們時常高估自己的聰明，而忽略了旁人的智慧。尤其在學習成長的路上，歸零的心態是我們必須首先擁有的。只有將自己心中那杯長滿青苔的死水倒掉，方能在學習過程中，重新注入的清洌甘泉。而且要不止一次的將杯子倒空，因為你每次學習所吸收的新東西，很快又會將心中的杯子裝滿。

Humanity

打牌

艾森豪威爾是美國第三十四任總統，他年輕時經常和家人一起玩紙牌遊戲。

在一天晚飯後，他像往常一樣和家人打牌。這一次，他的運氣特別不好，每次抓到的都是很差的牌。

剛開始玩牌的時候，他只是有些抱怨。但是到後來，他實在是忍無可忍，便發起了少爺脾氣。

一旁的母親看不下去了，便正色道：「既然要打牌，你就必須用手中的牌打下去，不管牌是好是壞。好運氣是不可能都讓你碰上的！」

不過艾森豪威爾聽不進去，依然憤憤不平。

母親於是又說：「人生就如同打牌一樣，而發牌的人是上帝。但是不管你手上的牌是好還是壞，你都必須穩穩的拿著，也都必須面對。你能做的，就是先讓已經浮躁的心情好好平靜下來，然後認真對待，努力的把自己手中的牌打好，要運用自己的智慧達到最好的成績如果能用這種方式來打牌，也用這種方式來看待你的人生，這樣你的人生才有意義！」

艾森豪威爾此後一直牢記母親的話，並激勵自己積極進取。就這樣，他一步一腳印地向前邁進，成爲中校、盟軍統帥，最後登上了美國總統之位。

人生悟語

印度前總統尼赫魯說過：「生活就像是玩撲克牌，發到手裡的是什麼牌已無法再改變，但你可以決定怎麼盡力去打好。」

在面對問題和挫折時，怨天尤人是解決不了任何問題的。積極調整好生活態度，勇敢地迎接人生的挑戰，並盡最大的努力去做好每一件事，這才是最佳的選擇！

Humanity

你可以征服風

一個黑人小孩在他父親的葡萄酒廠看守著橡木桶。每天早上，他用抹布將一個個橡木桶擦拭乾淨，然後一排排整齊地擺放好。令他生氣的是，往往一夜之間，風就把他排列整齊的橡木桶吹得東倒西歪。

小男孩很委屈地哭了。父親摸著男孩的頭說：「孩子，別傷心，我們可以想辦法去征服風。」

於是，小男孩擦乾了眼淚，坐在橡木桶旁邊想啊想啊，想了半天，他終於想出了一個辦法，他去井裡挑來一桶一桶的清水，接著把它們倒進空的橡木桶裡，然後他就忐忑不安地回家睡覺了。

第二天天剛濛濛亮，小男孩就匆匆的爬了起來，他跑到放橡木桶的地方一看，那些橡木桶一個一個排放地整整齊齊，沒有一個被風吹倒的，也沒有一個被吹歪的。

小男孩高興地笑了，他對父親說：「橡木桶想要不被風吹倒，就要加重木桶自己的重量。」男孩的父親讚許地笑了。

人生悟語

我們控制不了風，控制不了這個世界的許多東西；但是我們可以改變自己，改變我們自身的能力和我們的思維。提升自我的能力，這是一個人不被打倒的唯一方法。

懷才不遇的年輕人

湯姆的學業成績很好，畢業後找工作卻屢次碰壁，一直找不到理想的工作。他覺得自己懷才不遇，對社會感到非常失望。他爲了沒有伯樂來賞識他這匹「千里馬」而憤慨，甚至因傷心而絕望。

懷著極度的痛苦，他來到大海邊，打算就此結束自己的生命。

正當他即將被海水淹沒的時候，一位老人救起他。老人問他爲什麼要走絕路。湯姆說：「我得不到別人和社會的認同，沒有人欣賞我，所以覺得人生沒有意義。」

老人從腳下的沙灘上撿起一粒沙子，讓年輕人看了看，隨手扔在了地上。然後對湯姆說：「請你把我剛才扔在地上的那粒沙子撿起來。」

「這根本不可能！」湯姆低頭看了一下說。

老人沒有說話，從自己的口袋裡掏出一顆晶瑩剔透的珍珠，隨手扔在了沙灘上。然後對湯姆說：「你能把這顆珍珠撿起來嗎？」

「當然能！」

「那你就應該明白自己的境遇了吧？你要認識到，現在你自己還不是一顆珍珠，所以你不能苛求別人立即認同你。如果要別人認同，那你就要想辦法使自己變成一顆珍珠才行。」湯姆低頭沈思，半晌無語。

人生悟語

有的時候，你必須知道自己只是普通的沙粒，而不是價值連城的珍珠。想要出人頭地，就必須要不斷的提高自己的能力，有出類拔萃的資本才行。

Humanity

沒有機會當官的老人

從前，洛陽有一個人，想做官但一輩子都沒遇到做官的機遇。時光如流水般，幾十年彈指一揮間就過了。這個人眼看著自己頭髮都發白，已到了蒼老的年紀，不禁黯然神傷。

一天，他走在路上，不禁嚎啕痛哭起來。有人看見他這般模樣，感到很奇怪，於是走上前問他說：「老人家，請問您爲何如此傷心呢？」

這個人回答說：「我求官一輩子，卻始終沒有遇到過一次機會。眼看自己已如此蒼老了，依然是一身布衣，再也不可能有做官的機會，所以我傷心痛哭。」

問他的人又說：「那麼多求官的人都得到了官位，你爲什麼卻一次機會也沒遇上呢？」

這個老人回答說：「我年輕時學的是文史，當我在這方面學有所成時，出來求官，正好遇上君主偏愛任用有經驗資歷深的人。我等了好多年，一直等到喜好任用有較深資歷的君主去世後又出來求官，誰知繼位的君主卻是個喜愛武士的人，我又一次懷才不遇。於是，我改變主意，棄文學武。等我學武有成時，那個重視武藝的君主也去世了。現在繼位的是一位年輕的君主，他喜歡提拔年輕人為官，而我，如今早已不年輕了。我的幾十年光陰轉瞬即逝，一輩子生不逢時，沒有遇到一次做官的機會，這難道不是十分可悲的事嗎？」說罷，他又哭起來了。

人生悟語

人生必須要有明確的目標，在努力實現目標的過程中，必須要執著。如果一個人認准了某個遠大目標，並且腳踏實地、始終不渝地去努力專研，總是有成功的機會的。反之，如果朝三暮四、見異思遷，或一受到挫折就改變志向，則終將一事無成。

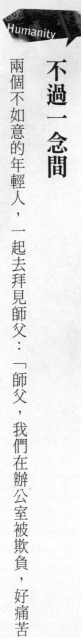

Humanity

不過一念間

兩個不如意的年輕人，一起去拜見師父：「師父，我們在辦公室被欺負，好痛苦，求您開示，我們是不是該辭掉工作？」兩個人一起問。

師父閉著眼睛，隔半天，說出五個字：「不過一碗飯。」就揮揮手，示意年輕人退下了。

一回到公司，一個人就遞上辭呈，回家種田；另一個人什麼也沒做。

日子轉眼十年過去了。回家種田的以現代方法經營，加上品種改良，居然成了農業專家；另一個留在公司的過的也不錯，他忍著氣努力學，漸漸受到器重成了經理。

有一天兩個人遇到了。

「奇怪，師父給我們同樣『不過一碗飯』這五個字，我一聽就懂了。不過一碗飯嘛！日子有什麼難過的？何必在公司硬撐？所以辭職了。」

農業專家問另一個人，「你當時爲什麼沒聽師父的話呢？」

「我聽了啊，」經理笑道，「師父說『不過一碗飯』，多受氣，多受累，我只要想不過爲了混碗飯吃，老闆說什麼是什麼，少賭氣，少計較就過了，師父不是這個意思嗎？」

兩個人又去拜見師父，師父已經很老了，仍然閉著眼睛，隔半天，答了五個字：「不過一念間。」然後揮揮手……

人生悟語

在人生的舞臺上，最怕的是沒有決定。不管做出什麼決定，常常都是一念之間的事。一旦做出了決定，只要努力和認真地去完成，終究會有收穫。

Humanity

笨小孩美好的夢

他是一位匈牙利木材商的兒子，由於從小生得呆笨，所以人們都喊他「木頭」。十二歲時，他做了一個夢，夢到有個國王給他頒獎，因爲他寫的文章得到了諾貝爾文學獎。當時，他很想把這個夢告訴大家，但因怕人嘲笑，最後只告訴了媽媽。

媽媽說：「假若這真是你的夢，你就有出息了！我曾聽說，當上帝把一個美好的夢想放在誰的心中時，他是真心想幫助那個人完成夢想的。」

男孩信以爲真。從此他真的喜歡上了寫作。

「倘若我經得起考驗，上帝會來幫助我的！」他懷著這份信念，開始了他的寫作生涯。

三年過去了，上帝沒有來；又三年過去了，上帝還是沒有來。就在他期盼上帝前來幫助他的時候，希特勒的部隊先來了。

他身爲猶太人，被送進了集中營。在那裡，有六百萬人失去了生命，他活了下來。一九六五年，他終於寫出他的第一部小說《無法選擇的命運》；一九七五年，他又寫出他的第二部小說《退稿》；接著他又寫出一系列的作品。

就在他不再關心上帝是否會幫助他時，瑞典皇家文學院宣佈：把二〇〇二年的諾貝爾文學獎授予匈牙利作家凱爾泰斯·伊姆雷。他聽到後，大吃一驚，因爲這正是他的名字。

當人們讓這位名不見經傳的作家談談獲獎的感想時，他說：「沒有什麼感想！我只知道，當你說『我就是喜歡做這件事，多困難我都不在乎』，這時，上帝會抽出身來幫助你。」

人生悟語

許多失敗者的悲劇，就在於被前進道路上的迷霧遮住了眼睛，他們不懂得忍耐一下，不懂得再跨前一步就會豁然開朗，結果在勝利到來之前的那一刻，讓自己打敗了自己，因而也就失去了應有的榮譽。

一個人想完成任何大事，都要能夠堅持下去，堅持下去才能取得成功。

成功是什麼

Humanity

有一個人，他從小到大都是一名失敗者，失敗永遠陪伴在他的身邊。他感到上天的不公平，於是，他決定去尋找上帝，詢問上帝：成功是什麼？

這個人翻山越嶺，來到河邊，見到一位老翁，就走過去問：「老人家，成功是什麼？」那位老人就回答他：「成功就是每天都能釣到魚，那就是成功。」

這位年輕人繼續他的旅途，他渡過了河，來到了森林中，遇見一個正在趕路的中年男人，就問他：「成功是什麼？」那個中年男人就回答他：「成功就是每天都能獵捕到野獸，那就是成功。」

他聽了，就繼續趕路。這個人穿過了森林，也越過了沙漠，來到沙漠邊緣時，找到了上帝，他問上帝：「成功是什麼？」上帝很慈祥地回答：「成功是生活，成功是經驗，成功是汗水。年輕人，不要執著於成功，而應享受成功的過程。」年輕人聽了頓時明白，就辭別了上帝回家去了。

到家之後，他將旅途上的所見所聞寫了下來，他憑藉著這本筆記，終於獲得了成功。

人生悟語

每個人都想成功，卻很難成功，為什麼呢？因為大部分的人都不懂得研究人生，不願意付出汗水，不願意採取具體的行動。

Humanity

真正的花迷

多年前，美國一家報紙曾經刊登一則令人心跳的啓事：一家園藝機構重金懸賞，欲求純白色的金盞花。其賞金額度之高，讓每個人都躍躍欲試。此事在當地引起轟動。

在自然界，金盞花除了橘紅色，就是棕色，要培育出白色新品種，簡直不可能。很多人都是三分鐘的熱度在試過失敗之後，就把那則啓事抛至腦後。

二十年後的一天，那個園藝機構意外地收到一件包裹，裡面居然是一百粒「純白的金盞花」的種子，另有一封熱情的應徵信。

這些種子是來自何方？原來，寄種子來的人原來是個年逾七十的老太太，她是一個真正的花迷。

當年，她看到那則啓事後怦然心動，馬上動手耕作，雖然遭到子女的一致反對，她還是執著地做下去。一年之後，等到金盞花盛開，她就從盛開的花朵中篩選出最淡的花去選種栽培。

次年，她又撒下這些種子，然後，再從盛開的花朵中篩選出更淡的花去選種栽培。就這樣，日復一日，年復一年，終於，在二十年後的一天，她的努力得到了回報：在花園裡，出現了一朵白色的金盞花，如銀似雪，美極了。

至此，一個連專家都感到束手無策的大難題，竟在一位對遺傳學一無所知的老太太手中自動破解，這真是一個莫大的奇蹟。

人生悟語

執著的人能夠完成許多看似不可能的事情，每天進步一點點，日久也能產生飛躍。

Humanity

目標的遠近

年輕時，威廉・科貝特辭掉了報社的工作，一頭栽進創作中，但他心中的「曠世巨作」卻一直寫不出來，這令他感到十分痛苦和絕望。

一天，他在街上遇到了一位朋友，便不由自主地向他傾訴了自己的苦惱。朋友聽了後，對他說：「我們走路回我家好嗎？」「走路去你家？至少也得走上幾個小時。」朋友見他退縮，便改口說：「那就隨便走走吧！」

一路上，朋友帶他到射擊遊藝場觀看射擊，到動物園觀看猴子。他們走走停停，不知不覺竟走到了朋友的家裡。

幾個小時走下來，他們沒有感到一絲疲累。在朋友家裡，威廉聽到了讓他終身難忘的一席話：「今天走的路，你要記在心裡，無論你與目標之間有多遠，也要學會輕鬆地走路。只有這樣，在走向目標的過程中才不會感到煩悶，才不會被遙遠的未來嚇倒。」

就是這番話改變了威廉的創作態度。他不再把創作看作是一件苦差事，而是在輕鬆的創作過程中，盡情地享受創作的快樂。不知不覺間，他寫出了《莫德》、《交際》等一系列名篇佳作，成爲美國著名的專欄作家。

人生悟語

面對遙不可及的目標，不要盲目的產生畏難情緒。只要你邁出堅實的步伐，一步一步地執著前進，就一定能夠實現自己的理想。

四十九天的等待

傳說，有兩個人偶然與神仙邂逅，於是神仙便傳授他們釀酒的方法，叫他們選端陽那天成熟、飽滿的大米，與冰雪初融時高山飛瀑、流泉的水珠調和，注入千年紫砂土燒製成的陶甕，再用初夏第一張沐浴朝陽的新荷葉裹緊，密閉七七四十九天，直到凌晨雞叫三遍後方可啓封。

像每一個傳說裡的英雄一樣，他們牢記神仙的祕方，歷盡千辛萬苦，跋涉千山萬水，風餐露宿，胼手胝足地找齊了所有必需的材料，把夢想和期待一起調和密封，然後潛心等候著激動人心的那一刻。

時間一天天地過去了，多麼漫長的守護啊！當第四十九天姍姍到來時，即將開甕的美酒，使兩人興奮得整夜都不能入睡，他們徹夜都豎起耳朵準備聆聽雞鳴的聲音。終於，遠遠地，傳來了第一聲雞啼，悠長而高亢。又過了很久很久，依稀響起了第二聲，緩慢而低沈。

等啊等啊，第三遍雞啼怎麼來得那麼慢，牠什麼時候才會啼叫？其中一個人再也按捺不住了，他放棄了再等待，就迫不及待地打開了陶甕，但結果卻讓他嚇呆了——裡面竟是一罈，混濁，發黃，像醋一樣酸，又彷彿破膽一般的苦，還有一股難聞的怪味……怎麼會這樣？

他懊悔不已，但一切已經無法挽回只能自責和歎息。最後，他失望地將這罈水倒灑在地上。

而另外一個人，雖然心中的欲望像一把野火般熊熊地燃燒，好幾次都想伸手掀開甕蓋，但剛要伸手，他又咬緊牙關挺住了，直到第三聲雞啼響徹雲霄，東方一輪紅日冉冉升起——啊！多麼清澈甘甜、沁人心脾的瓊漿玉液啊！

人生悟語

成功者和失敗者之間最大的差別，往往不是智商的不同和能力的大小，而只在於他們的韌性和耐心，在於他們懂得「行百里路九十半」。

Humanity

耳軟心活的鶴

一大清早，鶴就爬起來，拿起針線要在自己的白裙子上繡一朵花，以顯示出自己的嫵媚動人。剛繡了幾針，孔雀探過頭來問她：「鶴妹，妳繡的什麼花呀？」

「我繡的是桃花，這樣能顯出我的嬌媚。」鶴羞澀地說。

「唉，幹嘛要繡桃花呢？桃花是易落的花，不吉祥，還是繡朵月月紅吧，既大方，又吉利！」

鶴聽了孔雀姐姐的話覺得言之有理，便把繡好的金線拆了，改繡月月紅。正繡得入神時，只聽錦雞在耳邊說道：「鶴姐，月月紅花瓣太少了，顯得有些單調，我看還是繡朵大牡丹吧！牡丹是富貴花呀，多麼雍容華貴。」

鶴覺得錦雞妹說得對，便又把繡好的月月紅拆了，重新開始繡起牡丹來。繡了一半，畫眉飛過來，在頭上驚叫道：「鶴嫂，妳愛在水塘裡棲歇，應該繡荷花才是，為什麼要去繡牡丹呢？這跟妳的習性太不協調了，荷花是多麼清淡素雅，出污泥而不染，亭亭玉立的多美呀！」鶴聽了，覺得也是，便把牡丹拆了改繡荷花……

每當鶴快繡好一朵花時，總有人提出不同的建議。她繡了又拆，拆了又繡，直到現在，白裙子上還是沒有繡上任何的花朵。

人生悟語

能獨立思考、既有主見又善於聽取他人的意見的人，才會顯得成熟和自信，才能夠做出一番事業。如果因為旁人的否定就猶豫不決，輕易做出變化，必將一事無成。

Humanity

登山的夢想

一群人穿著鮮豔的登山服，在皚皚積雪的安第斯山間，艱難地行進著。很少見到這樣大規模的探險隊伍，原來這是南美洲委內瑞拉的盲人們，希望實現登山的夢想，正在崎嶇不平的山路上攀登。

這真是一次悲壯之旅，完全以生命為代價，走出每一步路，度過每一分鐘，任何人看到這個畫面，都不由得肅然起敬。

因為，他們活了一輩子，這座對他們來講充滿神聖意義的安第斯山，從來不曾去接觸，去實地感受過，因此，對他們來說不能不說是一種遺憾。於是，就有了這次的行程。盲人們每三個人結成一組，一個仍殘存些許視力的盲人走在前面，兩個全盲者跟在後面，他們三個人透過手裡握著的長木棒，聯結成為一個整體，透過腳和手，實地感覺這座大山。

安第斯山脈的高度平均是海拔三千公尺，最高峰為海拔七千公尺，對正常的登山運動員來說，也是一次體能的極限考驗。雖然有很多志願者做後援，即使在可以使用驢子馱物的山路上，盲人們也是步履維艱，行進緩慢。那麼，他們要想攀上最高峰，應該是比登天還要難的事情了。

這支盲人登山隊在短短的行程中，已經有好幾位上了年紀的盲人，在風雪迷漫的夜間宿營，一覺睡去，再也醒不過來，不幸的將生命留在了安第斯山。

於是，組織者便決定後撤，將登山計劃放在未來更合適的機會裡等，做好更充分的準備以後再進行。一些走得興起的盲人登山隊員，不免有些失望，最後，他們還是想開了，無論如何，他們開始了行程，儘管離峰巔還遠，但是，終究邁出了第一步，是結結實實的踩在安第斯山上的一步，是書面上的計劃化爲真實的一步，於是，他們對記者說：

「山永遠在，我們還會再來的。」

人生悟語

在多變的現實社會中，一定要培養觀察時勢、隨機應變的能力，凡事都要量力而行，把握好進退、取捨的分寸。在實現目標的過程中，遇到巨大的挫折暫時退避並不一定是懦弱，也可能是明智之舉。

Humanity

「不可能成為律師」的青年

科羅拉多大學法學院院長決定，秋季開學後，希爾曼不能再回去上課了，原因是他的成績太差。

希爾曼的父親與法學院院長愛德華・金取得了聯繫，但這沒能改變那個決定。金院長說：「希爾曼是個非常好的年輕人，但他不可能成爲一名律師。他最好去找其他職業。我建議他留在他周末打工的那個食品雜貨店裡。」

希爾曼回了信給院長，申請重讀，但杳無音訊。

希爾曼感到心煩意亂。在重大事情上，他從未真正受過挫折。高中時他是個受歡迎的學生，是一個非常受人尊重的足球運動員。不費吹灰之力，他就進入了坐落在波德市的科羅拉多大學，並正式被該學校最負盛名的法學院錄取。

希爾曼的父親只有高中畢業，他當了四十多年鐵路郵局的公務人員。但他熱愛學習，同時他知道兒子極想成爲一名律師。他建議希爾曼考慮一下，威斯敏斯特法律學院那兒設有晚上課程。

父親的建議切合實際，但強烈地挫傷了希爾曼的自尊。科羅拉多大學是一扇邁向法官寶座和聲名顯赫的律師事務所的大門；而威斯敏斯特則是一所窮人學校，沒有赫赫有名的教授，也沒有法律權威評論，那裡的學生白天都在打工。

最後，希爾曼還是去見了威斯敏斯特學院院長克裡福特•米爾斯。

米爾斯看了一下希爾曼的大學成績報告單，直率地說：「在科羅拉多大學你的強項是體育課、西班牙語課和你的社團組織能力。」

他說得沒錯。希爾曼好不容易進了大學，卻沒承擔起大學生應盡的義務，缺乏良好的讀書與做研究的習慣，這些終使他自食其果。

米爾斯院長允許希爾曼在威斯敏斯特學院註冊入學；但有一個條件，他得重修一年級的所有課程。院長說：「我將時刻監督你。」

一扇門關閉了，但別的門向希爾曼敞開了。因爲這是第二次機會，希爾曼加倍努力地學習，並且對法律證據產生了濃厚興趣。

第二年，教希爾曼的一門課程的教授過世了，希爾曼不可思議地應邀接任了他的課程。證據研究後來成了希爾曼的終生專長。

二十八歲那年，他成了丹佛市最年輕的鄉村法官；而後，當選了地方法院法官；接著被總統任命爲美國聯邦司法部地方法院法官。後來，他獲得了科羅拉多大學頒發的獎章以及授予他的名譽法學博士學位。

人生悟語

與生活中極為重要的事情失之交臂是常有的事，無論是一份工作、一個夢想還是一段友情。只要你具有堅定的決心，透過艱苦的努力，就能實現自己的理想。

Humanity

生命的意義

在英國倫敦，一位名叫斯爾曼的殘疾青年，他的一條腿因爲慢性肌肉萎縮症，所以走起路來都很困難，但他憑著堅強的毅力和信念，創造了一次又一次令人矚目的壯舉：

二十一歲時，他登上了阿爾卑斯山；二十二歲時，他登上了吉力馬札羅山；二十七歲時，他登上了世界最高峰珠穆朗瑪峰；二十八歲前，他登上了世界上所有著名的高山……

然而，就在他二十八歲這年的秋天，卻突然在寓所裡自殺了。

功成名就的他，爲什麼會選擇自殺呢？有記者瞭解到，在他十一歲時，他的父母在攀登吉力馬札羅山時，不幸遭遇雪崩雙雙遇難。父母臨行前，留給了年幼的斯爾曼一份遺囑，希望他能像父母一樣，一座接一座地登上世界著名的高山。

年幼的斯爾曼把父母的遺囑當作他人生的奮鬥目標，當他將這些目標全部實現之後，突然感到了前所未有的無奈和失落。

在自殺現場，人們看到了斯爾曼留下的痛苦遺言：「這些年來，身爲一個殘疾人士，卻創造了那麼多征服世界著名高山的壯舉，那都是父母的遺囑給了我生命的一種信念。如今，當我攀登完那些高山之後，我感到無事可做了……」

斯爾曼因失去人生的目標，而失去了人生的全部。

人生悟語

生命的意義，就在於有崇高的追求。在實現自我價值的過程中，要不斷調整和提升人生的目標。充滿挑戰的人生才會顯得充滿意義。

Humanity

久不開花的大樹

農夫在地裡種下了兩粒種子，很快的它們變成了兩棵同樣大小的樹苗。第一棵樹開始就決心長成一個參天大樹，所以它拼命地從地下吸收養料，儲備起來，滋潤每一枝樹幹，並盤算著怎樣向上生長，完善自身。由於這個原因，在最初的幾年，它並沒有結果實，這讓農夫很煩惱。

相反的另一棵樹，也拼命地從地下吸取養份，打算早點開花結果，它做到了這一點。這使農夫很欣賞它，並經常澆灌它。

時光飛轉，那棵久不開花的大樹由於身強體壯，養分充足，終於結出了又大又甜的果實。而那棵過早開花的樹，卻由於還未成熟時，便承擔起了開花結果的任務，所以結出的果實苦澀難吃，並不討人喜歡，相反的卻因此而累彎了腰。老農詫異地歎了口氣，只好用斧頭將它砍倒，當柴火燒了。

人生悟語

「欲速則不達。」急於求成的結果只會導致過早的失敗，所以我們要敢於忍受寂寞，注重自身能力的積累，厚積薄發，一旦時機來臨，自然會水到渠成。

一場夢

有個年輕的小夥子，缺乏耐心，做什麼事情都很急躁。有一次他與女朋友約會，去得太早女朋友還沒來，他站在大樹下面長吁短歎：「為什麼連約會都要等待呢？做什麼事都讓人不開心！」

這個時候，一個神仙出現在他的面前，給了他一個鐘錶，說：「當你想要時間變快的時候，只要撥動鐘錶，就可以事如所願。」

小夥子高興極了，他把鐘錶向前撥動了一小格，女朋友馬上出現在眼前。他想：「如果現在就能結婚就更好了。」於是他又轉動了鐘錶。婚禮上，他和女朋友並肩而坐，悠揚的音樂和醉人的美酒都出現了。

他又想：「現在如果就是洞房花燭夜多好呀！」於是他又轉動了鐘錶。屋子裡就只剩下了他們兩個人。

他心中的願望層出不窮，於是不停地撥動鐘錶，得到了房子、吵鬧的孩子，還有樹上豐碩的果實……

時間就這樣飛快地過去了，生命很快就要走到盡頭了。臨死之時，他開始後悔自己以前做任何事都那麼急切，還沒有認真享受生活，生命已經走到了盡頭。如果可以重新來過，他一定可以等待的，但是現在後悔已經晚了，因為那個神仙告訴過他，那個鐘錶只能向前轉不能向後轉。他躺在床上後悔莫及，痛哭流涕。

這個時候，可愛的女朋友突然出現在自己眼前，她還是那麼年輕美麗，周圍鳥語花香，藍天白雲，小鳥悠閒地在樹上吃蟲子，多麼美好的一天呀！原來剛才的一切只是一場夢。

他高興地跳了起來，拉著女朋友的手說：「親愛的，等妳真是一種幸福！」

人生悟語

人生要有所追求，也要學會等待。等待是生活的一種需要，也是為了把握最好的機會必要的付出。懂得等待，才能品嘗到最美的人生。

Humanity

最好的玉米

一個老婆婆在屋子後面種了一大片玉米。

一根顆粒飽滿的玉米說道：「採收那天，老婆婆一定會先摘我，因爲我是今年長得最好的玉米！」

可是採收的那天，老婆婆並沒有把它摘走。

「明天，明天她一定會把我摘走。」很棒的玉米自我安慰著。

第二天，老婆婆又採走了其他玉米，唯獨沒有摘這根玉米。

「明天，老婆婆一定會把我摘走！」很棒的玉米仍然安慰著自己……

可是老婆婆依然沒有來。

一天又一天，玉米絕望了，原來飽滿的顆粒變得乾癟堅硬，整個身體像要炸裂一般，它準備和玉米稈一起爛在地裡了。

但就在這時，老婆婆來了，一邊摘下它，一邊說：「這可是今年最好的玉米，用它做種子，明年肯定能種出更棒的玉米！」

人生悟語

只要自己真有實力，就要耐得住寂寞，在遭受冷落的時候，以平和的心態繼續努力，而不是怨天尤人，或因此而垂頭喪氣、萎靡不振。

Humanity

沒作用的餵鳥器

比爾是個成功的演說家和生物學家，喜歡在閒暇時間觀察鳥類。幾年前，比爾買了一幢新房子，附近草木蔥蘢。入住後的第一個周末，他就在後院裡裝了一個餵鳥器。就在當天日暮時分，一群松鼠弄倒了餵鳥器，吃掉裡面的食物，把小鳥嚇得四散而去。

在接下來的兩周裡，比爾絞盡腦汁想出各種辦法讓松鼠遠離餵鳥器，就只差沒有使用暴力了。但絲毫沒有作用。

萬般無奈之下，他來到當地一家五金店。他找到了一種與眾不同的餵鳥器，帶有鐵絲網，還有個讓人動心的名字，叫「防松鼠餵鳥器」。這下子可保萬無一失，他買下它並安裝在後院裡。但天黑以前，松鼠又大搖大擺地光顧了「防松鼠餵鳥器」，照樣把鳥兒嚇跑了。

這回比爾拆下餵鳥器，回到五金店，頗為氣憤地要求退貨。五金店的經理回答說：「別著急，我會讓你退貨的，不過你知道嗎？這個世上可沒有什麼真正的防松鼠餵鳥器。」比爾生氣地問：「你想告訴我，我們可以把人送到外太空，可以在幾秒鐘之內把資訊傳到全球任何一個地方，但我們最尖端的科學家和工程師，卻無法設計和製造出一個真正有效的餵鳥器，可以把那種腦子只有豌豆大的齧齒類小動物阻擋在外？你是想告訴我這個嗎？」

「是啊，」經理說，「先生，要解釋清楚，我得問你兩個問題。首先，你平均每天花多少時間，讓松鼠遠離你的餵鳥器？」比爾想了一下，回答說：「我不清楚，大概每天十到十五分鐘吧。」

「和我猜的差不多，」那位經理說，「現在，請回答我第二個問題：「你猜那些松鼠每天花多少時間來試圖闖入你的餵鳥器呢？」

比爾馬上會意：「在松鼠醒著的每時每刻。」

原來松鼠不睡覺的時候，九十八%的時間都用於尋找食物。在專一的用心面前，有智慧的大腦、以及優勢的體格只能節節敗退！

人生悟語

追求人生目標的決心愈堅定，你就愈有耐心克服阻礙。真正有耐心的人，會以一種幾乎是不可思議的執著，投入既定的目標。耐心等待，等待機會，你就能在意想不到中獲得成功。

Humanity

一棵優秀的樹種

有一顆與眾不同的樹種，被選了出來，要被種在一片荒漠的土地上。

「多麼優秀的一棵樹種啊！你應該爲此感到驕傲。」人們讚美道。

「我只是一棵樹種而已，還沒有資格驕傲。」樹種小聲地說。

樹種發芽了，它生長得十分良好，嚴冬酷暑、狂風暴雨，都不能摧毀它。

「多麼堅強的一棵小樹啊！你應該爲你自己感到驕傲。」人們讚美道。

「我還只是一棵小樹，沒有勇氣驕傲。」小樹輕聲地說。

小樹長大了，它枝繁葉茂，高入雲端。

「多麼高大的一棵樹啊！你應該爲此驕傲。」人們讚美道。

「我已經是一棵大樹了，沒有必要驕傲。」大樹無聲地說。

人生悟語

不管你是誰，不管處於什麼樣的位置，都不要驕傲，而是應該時刻清醒地認識自己，保持謙虛謹慎的姿態。

Humanity

有什麼夢想

五年前，戴爾到南方偏僻的鄉村做慈善工作。他要做的就是，讓每個人相信自己有自給自足的能力，並激勵他們去實現自己的想法。

當戴爾來到一個名叫密阿多的小鎮後，他請當地的官員幫忙介紹認識了二十五個靠政府福利補助生活的窮人。戴爾和他們一一握手後，問他們的第一個問題是：「你們有什麼夢想？」每個人都用怪異的眼神看著戴爾，好像他是外星人一樣。

「夢？我們從來不做夢。做夢又不能讓我們發財。」其中一個紅鼻子寡婦回答道。

戴爾耐心地解釋道：「夢想並不是做夢。你們肯定希望得到些什麼，希望什麼事情能夠實現，而這就是夢想。」

紅鼻子寡婦說：「我不知道你說的夢想是什麼東西。但我現在最想趕走野狗，因爲牠們總是想闖進我家，咬我的孩子。」大家都笑了起來。

戴爾說：「哦！妳想過什麼辦法沒有？」

她說：「我想裝一扇牢固的、可以防禦野狗闖入的門，這樣我就可以安心的出去工作了。」

戴爾問：「這裡有誰會做防禦野狗闖入的門呢？」

人群中一個有些禿頭的瘸腿男人說：「很多年以前我自己做過門，現在恐怕都不會了。不過我可以試試。」

接著，戴爾問大家還有什麼夢想。

一位年輕的單親媽媽說：「我想重回到大學裡去完成學業，可是沒有人能照顧我的三個孩子。」

戴爾問：「有誰能照顧三個孩子？」

一位孤寡的老太太說：「我以前幫別人帶過不少孩子，我想自己能帶好那些可愛的小傢伙。」

戴爾給那個禿頭男人一些錢去買材料和工具，然後讓這些人解散了。

一星期後，戴爾重新召集那些窮人。他問那個紅鼻子寡婦：「妳家防野狗闖入的門裝好了嗎？」

紅鼻子寡婦高興地說：「我再也不用整天待在家裡守護我的孩子，現在我有時間去實現我的夢想了。」接著，戴爾問禿頭男人的感想如何。他對戴爾說：「很多年前我給家裡做過一扇門，當時做得是很不好，後來我就再也沒有做過。這次我想一定要做好，結果真的做好了。許多人都說我很了不起，能做那麼結實漂亮的門。」

人生悟語

很多夢想真的是可以實現的。很多時候，不是我們自己沒有本事，而是我們故步自封，不願意去嘗試，或者不願意去努力。

從尷尬開始

他貌不驚人，畢業於一所名不見經傳的地方院校，而且只有大專學歷，可是在滿滿一屋子來自各個明星大學、有著碩士博士頭銜的應聘者中，他的表現卻是與眾不同的。儘管他很自信，可是面試官還是很快掂出了他的分量：他在專業能力方面並不能勝任這個職位。他的求職申請被拒絕了。

這位應聘者在得知自己已被淘汰出局後，臉上露出了失望和尷尬的神情。可是他並沒有馬上離開，而是起身對面試官說：「請問你能否給我一張名片？」

面試官冷冷地看著他，從心裡對這種死纏爛打的求職者缺乏好感。

「雖然我無法成為貴公司的員工，但我們也許能夠成為朋友。」他說。

「哦？你這麼想？」

「是的，任何朋友都是從陌生人開始的。如果有一天你找不到打網球的搭檔，可以找我。」

面試官看了他一會兒後，掏出了名片。

面試官確實經常為了找不到伴打網球而煩惱，後來他們倆也就成了朋友，他也就被錄用了。

有一天，面試官問他：「你不覺得你當時所提出的要求有點過分嗎？要知道，你只是一個來找工作的人，你憑什麼那樣說？如果我根本不理會你，那麼你該怎麼下臺？」

「其實，人最怕的不是失敗本身，而是失敗以後的尷尬。很多人不敢去做一些本來也許可以作成的事，就是因爲害怕丟臉。可是真正丟臉的不是失敗，而是不敢想像失敗。其實很多事情都是從尷尬開始的，包括交朋友。」

人生悟語

每當怯懦、退縮的念頭冒出來時，你就得告誡自己，不要怕可能會出現的任何尷尬。否則你將會一次次地錯過成功的機會。

Humanity

四個要好的朋友

很久以前，四個非常要好的朋友一起揚帆到大海上捕魚。他們的名字分別是：雄心、懷疑、害怕和失敗。

當他們的船駛到大海中央的時候，狂風驟起。船帆、發動機、船槳以及所有的釣魚工具，都慘遭這場大風雨的襲擊，殘破不堪。

懷疑、害怕和失敗什麼都不做，只是傻傻地等待死神的到來；但是雄心卻能感覺出生還的希望。他將一個釣鉤繫在一根很長的繩子上，然後將其丟在水中。喲，你瞧！他還真感覺到繩子的另一端鉤住了一個很重的東西。令人吃驚的是，當他拉回繩子的時候，繩子的另一端竟然鉤著一個古代的油燈。

雄心將這盞釣上來的油燈擦拭乾淨，而令他驚訝的是，油燈裡面出現了一個魔鬼。

「謝謝你，謝謝你，」魔鬼大聲吼道，「為了報答你們的釋放之恩，我願意讓你們每個人實現一個願望。」

魔鬼轉向懷疑，詢問他的願望。

懷疑答道：「我不認為在這裡有什麼好辦法，我希望能夠待在溫暖舒適的家裡。」

「嗖」的一聲，他的願望實現了。

隨後魔鬼轉向害怕。害怕說：「我害怕這裡會發生事情，我希望能夠回到安全的家裡。」

同樣「嗖」的一聲，他的願望也實現了。

魔鬼又開始詢問失敗的願望。

「早在我們出發之前，我就知道我們不會成功的，趕快把我送回家吧！我以後再也不航海了。」

失敗剛一說完，「嗖」的一聲，他的願望也實現了。

最後，魔鬼又去詢問雄心的願望。雄心悲歎：「我原本以爲我們可以克服這些困難的，可是現在，只剩下我一個人孤零零地留在這裡。我希望我的好朋友們現在和我在一起。」

「嗖」的一聲響起，他的願望也實現了！

人生悟語

面對困難的時候，我們本來是可以勇往直前、披荊斬棘的，但是，往往是由於我們的懷疑和害怕，才招致了失敗。只要打從內心堅強起來，你就會越來越強大。

Humanity

蝴蝶總理

有一個小孩，相貌醜陋，說話口吃，而且因爲疾病的關係，導致他左臉局部麻痹，嘴角畸形，講話時嘴巴總是歪向一邊，還有一隻耳朵什麼都聽不見。

爲了矯正自己的口吃，他模仿古代一位有名的演說家，嘴裡含著小石頭講話。看著嘴巴和舌頭被石頭磨破皮而流血的兒子，母親心疼地抱著他，流著眼淚說：「不要練了，媽媽一輩子陪著你。」懂事的孩子替媽媽擦著眼淚說：「媽媽，書上說，每一隻漂亮的蝴蝶，都是自己衝破束縛牠的繭之後才變成的。我要做一隻美麗的蝴蝶。」

後來，他能流利地講話了。因爲他的勤奮和善良，他中學畢業時，不僅得到了優異的成績，還獲得了良好的人緣。

一九九三年十月，他參加全國總理大選。他的對手居心叵測地利用電視廣告以特寫的方式放大他的臉部缺陷，然後寫上這樣的廣告詞：「你要這樣的人來當你的總理嗎？」但是，這種極不道德、帶有人格侮辱的攻擊，招致大部分選民的憤怒和譴責。

他的成長經歷被人們知道後，贏得了選民們極大的同情和尊敬。他說「我要帶領國家和人民成爲一隻美麗的蝴蝶」的競選口號，使他獲得高票當選爲總理，並在一九九七年再次獲勝，連任總理，人們親切地稱他是「蝴蝶總理」。他就是加拿大第一位連任兩屆的總理讓・克雷蒂安。

人生悟語

有些東西我們的確無法改變，比如低微的門第，醜陋的相貌等等；但有些東西則是人人都可以選擇的，比如自尊、自信、毅力、勇氣等，它們是幫助我們穿破「命運之繭」的利劍。

Humanity

美麗的王妃

從前有一位國王，他有一位非常美麗的妻子，他們非常相愛。

但是王后卻整天悶悶不樂，因爲每當她面對鏡子的時候，就會覺得恐慌，她覺得她不是天下最美麗的女人。

因爲她長著一對尖尖的虎牙。

雖然國王從來不曾說過什麼，但是她一直擔心，生怕有朝一日國王移情別戀。

王后悄悄的找到全國最好的牙醫，把虎牙拔掉了。

牙醫給她鑲了兩枚假牙，假牙非常精緻，讓人看不出有任何破綻。

她高興地去找國王，然而令她大失所望的是，國王只用看陌生人的眼神看了看她，冷淡地走了。

此後國王很久不和她同房。

過了半年之後，國王把她打入冷宮，另娶了一位年輕貌美的姑娘做王后。

對於這位新王后，國王寵愛有加。

被打入冷宮的王后感到非常失落，她想那位新王后一定比自己美麗多了。

有一天，她在花園裡看到了新王后，新王后對著她笑，她這才看清楚了，這位新王后並不是十分漂亮，而且，她也長著一對尖尖的虎牙！

原來國王最喜歡的就是有虎牙的女人！

人生悟語

人是因為有自己的特色，而不是優點才顯得可愛的，何必要對自己身上那些無傷大雅的缺點耿耿於懷呢？勇敢地保留住我們的特色吧！

Humanity

這一切都會改變的

一位黑人母親帶女兒到伯明罕買衣服。一個白人店員擋住女兒，不讓她進試衣間試穿，並傲慢地說：「此試衣間只有白人才能用，你們只能去儲藏室裡的一間專供黑人用的試衣間試穿。」但母親根本不理睬，她冷冷地對店員說：「我女兒今天如果不能進這間試衣間，我就換一家店買衣服！」女店員為留住生意，只好讓她們進了這間試衣間，自己則站在門口把風，生怕有人看到。那情那景，讓女兒感觸良深。

又一次，女兒在一家店裡摸了摸帽子，而受到白人店員的訓斥，這位母親再次挺身而出：「請不要這樣對我的女兒說話。」然後，她對女兒說：「康蒂，你現在把這店裡你喜歡的每一頂帽子都摸一下吧！」女兒快樂地按母親的吩咐，把每頂自己喜愛的帽子都摸了一遍，而那個女店員只能站一旁乾瞪眼。

面對這些歧視和不公，母親對女兒說：「記住，孩子，這一切都會改變的。這種不公平不是你的錯，你的膚色和你的家庭是你不可分割的一部分，這無法改變也沒有什麼不對。要改變自己低下的社會地位，只有做得比別人好、還要更好，你才會有機會。」

從那一刻起，不卑不屈成了女兒受用一生的財富。她堅信只有不斷的接受教育才能讓自己獲得知識，做得比別人更好；知識不僅是她自身完善的方式，還是她捍衛自尊和超越平凡的武器！

後來，這位出生在亞拉巴馬伯明罕種族隔離區的黑人女孩，榮登《富比士》雜誌「二〇〇四年全世界最有權勢女人」的寶座，她就是美國國務卿賴斯。

賴斯回憶說：「母親對我說，康蒂，妳的人生日標不是從『白人專用』的店裡買到漢堡，而是，只要妳想，並且爲之奮鬥，妳就有可能做成任何大事。」

人生悟語

現實是無奈的，但這並不意味著，我們就喪失了一切選擇的權利。雖然我們無法選擇種族、血緣，無法選擇身體、髮膚；但是，我們可以選擇奮鬥。只要你願意，你就有可能成就任何大事！

Humanity

堅持

約翰是個非常有名的管理顧問。一走進他的辦公室，馬上就會覺得自己「高高在上」似的。辦公室內各種豪華的擺飾、考究的地毯、忙進忙出的員工以及知名的顧客名單都在告訴你，他的公司的確成就非凡。

但是，就在這家鼎鼎有名的公司背後，藏著無數的辛酸血淚。

他創業之初的頭六個月，就把十年的積蓄用得一乾二淨，一連幾個月都以辦公室爲家，因爲他付不起房租。他也婉拒過無數的好工作，因爲他堅持實現自己的理想。他也被顧客拒絕過上百次，拒絕他的和歡迎他的客戶幾乎一樣多。

就在整整七年的艱苦掙扎中，約翰沒有說過一句怨言，他經常說：「我還在學習啊！這是一種無形的，捉摸不定的生意，競爭很激烈，實在不好做。但不管怎樣，我還是要繼續學下去。」

約翰真的做到了，而且做得轟轟烈烈。

有一次，朋友問他：「事業把你折磨得疲憊不堪了吧？」

他卻說：「沒有啊！我並不覺得那很辛苦，反而覺得是受用無窮的經驗。』看看《美國名人榜》的生平就知道，這些功業彪炳千秋的偉人，都受過一連串的無情打擊。只是因爲他們都堅持到底，才能獲得輝煌的成果。」

人生悟語

天下沒有不勞而獲的事。阻力越大，可能的收穫就越多。只有利用種種挫折與失敗，來驅使你更上一層樓，才能充分實現自己的理想。

大火燒出的靈感

一九二四年，美國傢俱商尼科爾斯的家，突然起火了，大火把家裡的一切燒得精光，也把他做好準備出售的傢俱燒光了。大火沒有給他留下什麼，只留下一片殘存的焦松木。

尼科爾斯看著四處一片狼藉，心情惡劣到極點。突然，這燒焦松木獨特的形狀和漂亮的木紋，吸引了他的目光，他竟然從這些焦松木上找到了轉機。

正是這場意外的大火，燒出了尼科爾斯的靈感與希望。他小心翼翼地用碎玻璃片削去沈灰，再用砂紙打磨光滑，然後再塗上一層亮光漆，居然產生出一種溫暖的光澤和紅松本身清晰的紋路。尼科爾斯驚喜地狂叫起來，他馬上製作出仿紋傢俱。就這樣，仿紋傢俱從此誕生了。大家都來爭相購買他製作的傢俱，因此生意十分興隆。有人說：「尼科爾斯獨具特色的傢俱，是像一隻在火灰裡死而復生的不死鳥一樣，蓬勃興起。」一場大火給他帶來災難，同時也給他帶來了新產品和更好的收入。現在尼科爾斯創造的第一套仿紋傢俱，仍收藏在紐約州的博物館裡。

人生悟語

暫時的挫折並不可怕，只要不絕望，堅定信心，或許能夠發現，在意外的災難中所隱藏著的意外收穫，從而把挫折變成走向成功的轉機。

Humanity

上帝答應的要求

從前，有一個貧窮的工人，在幫農場主人工作。有一次在搬運東西時，他不小心打破了一個花瓶。農場主人看見後，要求他一定要賠償，但是三餐都成問題的工人，哪裡賠得起這麼昂貴的花瓶？

苦惱的工人只好到教堂，向神父請教解決的辦法。神父聽完工人的問題，他說：「聽說有一種能將碎花瓶黏好的技術，不如你去學習這種技術，只要能將這個花瓶修補、復原，事情不就解決了？」

工人聽完後卻搖了搖頭，說：「哪有這麼神奇的技術，要把這個碎花瓶黏得完好如初，根本是不可能的事。」

神父指引他說：「這樣吧！教堂後面有一個石壁，上帝就待在那裡，只要你對著石壁大聲說話，上帝便會答應你的請求，去吧！」

於是，工人來到石壁前，大聲對著石壁說：「上帝，請您幫幫我，只要您願意幫助我，我相信，我一定能將花瓶黏好！」

工人的話一說完，上帝便立即回應他：「一定能將花瓶黏好！」

工人真的聽見了上帝的承諾，於是，他充滿自信地向神父辭別，朝著「復原花瓶」的高超技術邁進。

一年以後，經過認真學習與不懈的努力，他終於學會了黏貼碎花瓶的技術。結果他將農場主人的花瓶復原得天衣無縫，令人讚歎！

這天，當他將花瓶送還給農場主人後，再次來到教堂，準備向上帝道謝，感謝祂所賜予的協助與祝福。

神父將他再次帶到教堂後面的石壁前，並笑著對誠懇的工人說：「其實，你不必感謝上帝。」

工人不解地看著神父：「爲什麼不必感謝？要不是上帝，我根本無法學會修補花瓶的技術啊！」

神父笑著說：「其實，你真正要感謝的人，是你自己啊！因爲，這裡根本就沒有上帝，這塊石壁具有回音的功能，當時你聽到的『上帝的聲音』，其實就是你自己的聲音啊！而你，就是你自己的上帝。」

人生悟語

你的未來掌握在你的手中，只有你能夠控制自己的命運。只要你充滿自信、充滿信心地去行動，相信自己，你就能夠創造奇蹟。

Humanity

了不起的媽媽與兒子

萊德認爲自己的媽媽真是個了不起的女人。他爸爸因心臟病去世時，他才二十一個月大，哥哥也只有五歲。她雖無一技之長，又沒有受過教育，卻毅然負起撫育萊德和他哥哥的責任。

萊德九歲時，找到了一份在街上賣《傑克遜——維爾日報》的工作。他需要那份工作是因爲他們需要錢，雖然是那麼一點點錢。但是萊德有些害怕，因爲他要到市區去取報賣報，然後在天黑時坐公共汽車回家。他在第一天下午賣完報紙後回家時，便對媽媽說自己決定不再去賣報了。

「爲什麼？」她問道。

「你不會要我去的，媽。那兒的粗言粗語非常不好。你不會要我在那種鬼地方賣報的。」

「我不要你粗言粗語。」她說道，「人家粗言粗語，是人家的事。你賣報，可以不必跟他們學。」

她並沒吩咐萊德該回去賣報，可是第二天下午，他照樣去了。那年冬天的一個傍晚，萊德被聖約翰河上吹來的寒風凍得半死，一位衣著考究的女士遞給他一張五美元的鈔票，說道：「這足夠付你剩下的那些報紙錢了；回家吧！你在這外面會凍死的。」結果，萊德做了他知道媽媽也會做的事——謝謝她的好心，然後繼續待下去，一定要把報紙全部賣掉後才肯回家。冬天挨凍是意料之中的事，但它不是罷手的理由。

等到萊德長大了以後，每次要出門時，媽媽都會告誡他：「要學好，要做得對。」人生可能遇到的事，幾乎全用得上這句話。

最重要的是，她教了萊德一定要能吃苦。她會說：「要是牛陷在溝裡，你非得拉牠出來不可。」哪怕是寒流，或者下雨，再或不論你喜不喜歡，甚至你不舒服，總是要把牛拉上來。

人生悟語

人的一生難免會遇到各種不同的障礙，在遇到困難的時候，不會總是有人像奇蹟一般出現，前來救你。能救你的只有你不怕苦的決心和奮鬥出頭的決心。

Humanity

只要還有斧頭

山裡住著一位以砍柴爲生的樵夫，在他不斷的辛苦建造下，終於完成了一間可以遮風擋雨的房子。有一天，他挑著砍好的木柴到城裡交貨，當他黃昏回家時，卻發現他的房子著火了。

雖然左鄰右舍都前來幫忙滅火，但是因爲傍晚的風勢過於強大，所以還是沒有辦法將火撲滅，一群人只能靜待一旁，眼睜睜地看著熾烈的火焰，吞噬了整棟木屋。當大火終於滅了的時候，只見這位樵夫手裡拿了一根棍子，跑進倒塌的屋裡不斷地翻找著。圍觀的鄰居以爲他正在翻找藏在屋裡的珍貴寶物，所以也都好奇地在一旁注視著他的舉動。過了半晌，樵夫終於興奮地叫著：「我找到了！我找到了！」

鄰居紛紛向前，一探究竟，這才發現樵夫手裡捧著的是一片斧頭，根本不是什麼值錢的寶物。

只見樵夫興奮地將木棍嵌進斧頭刀裡，充滿自信地說：「只要有這把斧頭，我就可以再建造一個更堅固耐用的家。」

人生悟語

成功的人絕不是從未曾被擊倒過的人，而是在被擊倒了之後、還能夠積極地往成功之路不斷邁進的人。

Good Choice 大大的享受拓展視野的好選擇

在不考慮後果下，愛情是殘忍的

人生視野系列 49

溫柔的女人是一輪皎月——任男人們談天說地。
聰明的女人是一棵智慧樹——任男人們刮目相看。
美麗的女人是一朵玫瑰——任男人們推卸責任。
賢慧的女人是一汪清泉——任男人們吹噓成功……

我們的心都有病

人生視野系列 50

人生是可以選擇的，你可以選擇從終日陰鬱，
你也可以選擇從每天陽光。
快樂來自積極和主動，面對逆境尤其需要。
擁有積極和樂觀性格的人，在面對人生種種困難時，
仍然可以屹立於人前，無往不利。

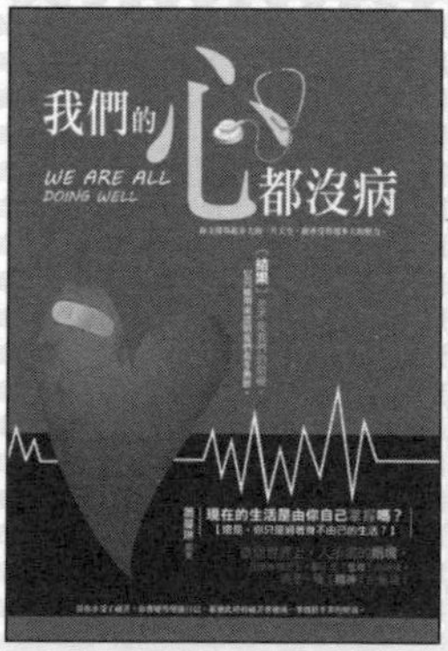

我們的心都沒病

人生視野系列 51

小時候我們總喜歡去想人生的意義，
但是現在，在人生裡過了很久之後，
才發現原來它的意義就在於好好愛自己，
愛該愛的人，做一個對得起自己的人。

謝謝您購買 原來如此：那些你該知道的人性故事 這本書！

即日起，詳細填寫本卡各欄，對折免貼郵票寄回，我們每月將抽出一百名回函讀者寄出精美禮物，並享有生日當月購書優惠！

想知道更多更即時的消息，歡迎加入"永續圖書粉絲團"

您也可以利用以下傳真或是掃描圖檔寄回本公司信箱，謝謝。

傳真電話：（02）8647-3660　　信箱：yungjiuh@ms45.hinet.net

☺ 姓名：＿＿＿＿＿＿　□男　□女　　□單身　□已婚

☺ 生日：＿＿＿＿＿＿　□非會員　　□已是會員

☺ E-Mail：＿＿＿＿＿＿　電話：（　）＿＿＿＿

☺ 地址：＿＿＿＿＿＿

☺ 學歷：□高中及以下　□專科或大學　□研究所以上　□其他＿＿

☺ 職業：□學生　□資訊　□製造　□行銷　□服務　□金融

□傳播　□公教　□軍警　□自由　□家管　□其他＿＿

☺ 您購買此書的原因：□書名　□作者　□內容　□封面　□其他＿＿

☺ 您購買此書地點：＿＿＿＿＿＿　金額：＿＿＿＿

☺ 建議改進：□內容　□封面　□版面設計　□其他＿＿

您的建議：＿＿＿＿＿＿

廣　告　回　信
基隆郵局登記證
基隆廣字第 57 號

新北市汐止區大同路三段一九四號九樓之一

大拓文化事業有限公司收

請沿此虛線對折免貼郵票，以膠帶黏貼後寄回，謝謝！